新时代●管理新思维

合伙创业
合作机制+股份分配+风险规避

曹海涛 著

PARTNERSHIP
ENTREPRENEURSHIP

清华大学出版社
北京

内 容 简 介

在创新创业的市场环境下,单打独斗的创业风险高,且成功率低。而合伙创业则可以降低风险,共享创业收益。然而不少创始人在引入资本合伙人后,轻则失去控制权,重则被扫地出门,前有王兴贱卖人人网,近有摩拜创始人胡玮炜不得不变卖股权走人。这些令人惋惜的案例,都是由于创业合伙人对合伙机制、股份分配等合伙创业中的知识或者关注点不了解而造成的。互联网企业如此,传统行业亦如此,如同学合伙、同事合伙、父子合伙而最终反目的案例比比皆是。

为了帮助合伙创业人规避合伙创业的种种风险,本书讲述了合伙创业的各种形式,如怎样寻找合伙人,以及如何进行财务、法律风险规避,最后对不同的问题进行分析解读。通过对本书的阅读,读者能基本掌握合伙的策略、方法和技巧。因此,本书对于创业人员和有创业想法的创业者而言是非常合适的。

本书封面贴有清华大学出版社防伪标签,无标签者不得销售。

版权所有,侵权必究。举报:010-62782989,beiqinquan@tup.tsinghua.edu.cn。

图书在版编目(CIP)数据

合伙创业:合作机制+股份分配+风险规避/曹海涛著. —北京:清华大学出版社,2019(2024.5重印)

(新时代·管理新思维)

ISBN 978-7-302-51503-6

Ⅰ.①合… Ⅱ.①曹… Ⅲ.①股份有限公司-创业-研究 Ⅳ.①F276.6

中国版本图书馆 CIP 数据核字(2018)第 244219 号

责任编辑:刘 洋
封面设计:李召霞
版式设计:方加青
责任校对:宋玉莲
责任印制:沈 露

出版发行:清华大学出版社
    网　　址:https://www.tup.com.cn,https://www.wqxuetang.com
    地　　址:北京清华大学学研大厦 A 座　　**邮　编:**100084
    社 总 机:010-83470000　　**邮　购:**010-62786544
    投稿与读者服务:010-62776969,c-service@tup.tsinghua.edu.cn
    质 量 反 馈:010-62772015,zhiliang@tup.tsinghua.edu.cn
印 装 者:三河市东方印刷有限公司
经　　销:全国新华书店
开　　本:170mm×240mm　　**印　张:**17.25　　**字　数:**244 千字
版　　次:2019 年 1 月第 1 版　　**印　次:**2024 年 5 月第 14 次印刷
定　　价:65.00 元

产品编号:080827-01

前言

在移动互联网时代,未来的一切竞争都是合伙人的竞争。创业者借助合伙制不仅能够众筹资金,还能够众筹经验与智慧。这样创业者在合伙创业、并肩作战的过程中,才能够减少不必要的挫折,少走许多弯路,创造更多的财富,从而共享更多的经营成果。

随着时代的发展,传统的雇佣制也已经不再适合时代发展的需要。同时,当今时代竞争的核心已经不再是资本的竞争,而是人才的竞争。合伙人机制利用各种激励手段留住人才,已经成为大多数创业型企业发展的主要方式。

合伙制逐渐打破了传统的雇佣制,成为能最大程度地发挥人力优势的新制度。在这样的条件下,笔者的初衷是,希望传统的创业者能够有一个清晰的认知:要平等地对待每一个员工,采用各种有利于激发员工活力的激励手段,提高员工的活力与创造力,并最终为企业创造更多的财富。

目前,许多创业者虽然对合伙制耳熟能详,但是如何最大程度地发挥合伙制的优势,采用哪种合理的股权分配方案,对他们而言仍然处在云里雾里。

快人一步,才能够在竞争激烈的商业社会中率先立足。一些具有世界影响力的合伙人企业已经尝到了合伙制的甜头,并走上了一条快速发展的通道。即便如此,大型合伙企业的成功案例毕竟还是屈指可数,他们的方法也不都能够直接进行借鉴。时代变了,方法也要变,当代那些有志进行合伙创业的优秀人才,也要根据现实世界的变化以及所要经营企业的特点,找出一条符合自己发展的道路。

本书的内容大都源于生活,采用的案例也都是发生在你我身边的小型合伙创业案例。其中既包含创业成功的案例,也包含创业失败的案例。无论成败与否,这些案例大多数都能够折射出小型合伙企业在创业时所面临的种种困境以及各种发展难题。这样创业者在阅读本书时才能够有更深刻的感悟和体会,不再仅仅是羡慕及仰慕一些大型合伙企业的成功,而是会更加沉浸于自己与其他合伙人的事业,创造属于自己与合伙人的成就。

本书更加侧重于方法的讲述。由于在合伙创业的各个节点都会发生各类的疑难问题,因此无论是合伙企业的注册、商标的注册、最佳合伙人的选择,还是股权分配方案的制定、合伙协议的签订以及各类风险问题的处理,都需要掌握最科学的方法。

笔者向来都拒绝虚假的口号,总是希望能够用科学的方法,让更多的创业者有所收益。另外,合伙创业不仅需要百折不挠的精神,还需要良好的方法。优秀的方法仿佛是催化剂,能够让创业者迅速有所成就。

基于这样的目的,本书详细地列出了可执行的合伙创业方案与措施。希望通过这类知识的讲述,能够刺激有志创业者的灵感,使他们找到适合自己及合伙团队的发展之路。

本 书 特 色

1. 立足时代,逻辑清晰

合伙创业已经成为创业的新形势与新潮流,具有诸多的优越性。本书所列案例大多是合伙创业的最新案例。对于读者来说,这样的案例更具有时代性与可读性。

本书的逻辑清晰，按照合伙创业的时间顺序进行叙述。由于在合伙创业的各个时间节点会遇到各种各样的难题，因此本书的重点就在于对各个时间节点上可能遇到的问题给出可行的引导方法，或者给出可以借鉴或者引以为戒的鲜明案例，让创业人员能知晓如何避开难题，顺利创业。

2. 内容实用，实战性强

在理论介绍时，本书会结合具体的案例进行形象的解读，以便让晦涩的理论变得易于理解，读者读起来也会更加容易。本书所选取的案例都极具代表性，不仅涉及如何寻找合伙人的案例、合伙人如何处理意见分歧的案例，而且还涉及用股权激励员工促使企业盈利的案例。

本书具有很强的实用性，不仅详细地介绍了合伙创业的流程，还介绍了如何利用科学的方法，保证合伙企业的快速发展。

3. 融入生活，案例新颖

本书来源于生活，其内容更是紧贴现实生活。书中所列出的众多新颖的合伙创业案例就存在于我们的生活之中，其中既有创业成功的案例，也有一些创业失败的案例。对于有志创业的人士来说，既可以从成功的案例中寻求方法，也可以从失败的案例中汲取教训，从而使自己的创业前景更加光明。

本书内容及体系结构

本书内容丰富，结构清晰明确。整体是按照合伙创业的时间顺序进行叙述，各个章节都会涉及合伙创业的难点，以及由此产生的各项对策。

第 1 章：本章从宏观层面对合伙企业进行了介绍，涉及合伙企业的模式、入股方式以及适合类型等内容。通过对本章的阅读，读者能够从本质上了解合伙创业的优势，以及合伙企业内部的权力架构。

第 2 章：从本章开始，本书就从宏观视角转化为微观视角，具体地阐释创业者要如何进行合伙创业。本章重点讲述的是如何寻找合伙人的问题，其中包括寻找合伙人的四大途径及吸引合伙人的方法，希望能够对读者起到抛砖引玉的作用。

第3章：本章重点论述了优秀合伙人的综合特征，以及对合伙人的评估方法。在这一章，我们会介绍到"1+4"潜力模型等重要的合伙人甄选方法，另外，还会突出介绍对合伙人的诸多特征进行综合评定所使用的客观方法。因为只有这样，合伙人之间才能够相互匹配，才能够力往一处使，合伙团队才能够越来越牛。

第4章：本章详细地介绍了合伙企业的注册流程。其中主要涉及注册的基本流程、创业地点的选择以及商标权的注册流程。这些虽然都是细节层面的内容，但是往往细节决定成败。只有详细地了解这些细节，以及掌握其中的小技巧，合伙企业才能在发展的过程中少走许多弯路。

第5章：本章重点讲述合伙协议的签订，包括合伙协议的具体内容，签订合伙协议时应该注意的问题。本章着重讲解创业者在签订合伙协议的过程中所遇到的股权分配等原则问题。创业者在签订合伙协议时，如果能够事先处理好这些问题，就能够避免一系列不必要的麻烦，从而促使合伙企业平稳较快地发展。

第6章：本章重点讲述合伙人之间的股权架构以及分配原则。其中不仅涉及股权分配的要点、原则和分配方法，还涉及对合伙人投资要素进行估值以及股权比例的具体计算方法。本章还介绍了员工股权激励的方法，希望创业团队能够积极利用这些方法，激发优秀员工的干劲，促进公司的快速扩张与发展。

第7章：本章重点讲述合伙财务的管理与监督，对相关财务知识做了一些介绍。了解这些重要的财务知识，有利于创业者迅速了解公司的财务运营状况。通过阅读本章节的内容，读者能够学习到最核心的财务知识，从而能更加明智地对公司内部重大事项做出决策。

第8章：本章重点讲述合伙企业的激励机制。善于利用激励机制的合伙企业，往往会发展得更加顺利。本章主要讲述了激励的四种要素、企业在进行员工激励时应该注意的问题及对员工激励的6种方法。借助于这些激励方法，合作创业团队能够最大限度地激发优秀员工的潜力，提高他们的热情，企业也能够因此获得更多的财富，并最终取得双赢的效果。

第 9 章：本章重点讲述合伙人之间矛盾的处理。与合伙人合作时，创业者难免会因为利益问题、情感问题以及相关的其他事宜与合伙人产生矛盾。如果不能够妥善处理这些矛盾，合伙企业的运营必然会陷入困局，最终以散伙的形式宣告合伙失败。本章列有生活化的案例以及处理矛盾的方法，希望能够使读者受益。

第 10 章：本章重点讲述合伙企业应该避免的各类风险问题。在实际的经营过程中，合伙企业难免会遇到一系列风险，例如，法律风险、因意外事故引发的个人风险以及各种税务风险。合伙创业者掌握这些风险类型，知道处理这类风险的方法，才能够做到未雨绸缪，有备无患。

第 11 章：本章重点讲述了合伙人的退出机制。在合伙企业经营的过程中，合伙人难免会以各种理由选择退出，如果合伙企业不提前制定好合伙人的退出机制，将会对企业未来的发展大为不利。本章详细地讲述了中途退出机制及如何避免合伙人中途退出的方法。

附录：在附录内容中，详细地介绍了合伙经营中的各类协议的范本。例如，合伙经营协议范本、合伙企业章程范本、合伙人退出协议书范本等。附录中的所有范本，合伙企业都可以直接参考，或者把这些范本作为借鉴的工具。总之，这些协议范本具有很强的实用性。

本书读者对象

- 合伙企业的领导、高管
- 有志合伙创业的人员
- 财会工作人员
- 对合伙经营感兴趣的其他人员

目录

第 1 章
合伙企业的模式、入股方式和适合类型

- 1.1 合伙人机制的三大模式 / 2
  - 1.1.1 公司制的合伙人模式 / 2
  - 1.1.2 联合创业模式 / 3
  - 1.1.3 泛合伙人模式 / 5
- 1.2 合伙创业入股方式 / 7
  - 1.2.1 均等投资与差异投资 / 8
  - 1.2.2 技术要素入股 / 9
  - 1.2.3 资本与知本结合 / 11
  - 1.2.4 股权众筹 / 13
- 1.3 适合合伙人机制的四类企业 / 16
  - 1.3.1 知识型企业 / 16
  - 1.3.2 初创期和战略转型期企业 / 18
  - 1.3.3 轻资产企业 / 20
  - 1.3.4 控制权稳定的企业 / 22

第 2 章
如何寻找创业合伙人

2.1 寻找创业合伙人的几大途径 / 26
  2.1.1 五同关系网：同学、同事、同行、同乡、同好 / 26
  2.1.2 通过弱联系寻找 / 27
  2.1.3 通过猎头寻找 / 29
  2.1.4 参加商业活动 / 31

2.2 吸引合伙人的四种方法 / 32
  2.2.1 为公司构建一个核心理念 / 33
  2.2.2 寻找或创建一个开源的项目 / 34
  2.2.3 建立社交媒体，展现个人才干 / 37
  2.2.4 对潜在联合创始人进行测试 / 39

2.3 寻找合伙人需要注意的问题 / 41
  2.3.1 学会包装自己 / 41
  2.3.2 短期内多找几个人比较 / 43
  2.3.3 事先了解对方资源 / 45

第 3 章
人物画像：寻找什么样的合伙人

3.1 合伙人选择的总体标准 / 50
  3.1.1 "1+4"潜力模型 / 50
  3.1.2 人品好是关键 / 53

3.1.3　融入团队，能够优势互补 / 55
3.2　选择合适的股东合伙人 / 57
　　3.2.1　沟通成本低 / 57
　　3.2.2　彼此支撑力要对等 / 60
　　3.2.3　选出核心股东，并实施股权激励 / 62
　　3.2.4　递交商业合作的投名状 / 63
3.3　如何评估合伙人 / 65
　　3.3.1　按画找人：清单式预评估法 / 66
　　3.3.2　避免评价的主观偏见 / 67

第4章
合伙企业注册登记流程

4.1　合伙企业注册的基本流程 / 72
　　4.1.1　需要准备的相关文件和合同 / 74
　　4.1.2　注册的基本费用构成 / 75
　　4.1.3　如何选择注册资金额度 / 76
　　4.1.4　怎么为企业取名 / 78
4.2　选择办公的地点 / 80
　　4.2.1　办公地址的定位 / 80
　　4.2.2　选址要考虑的四大因素：价格、布局、设施、环境 / 81
　　4.2.3　规避租赁的陷阱 / 82
4.3　注册商标 / 84
　　4.3.1　注册商标的流程 / 84

4.3.2 商标注册的条件和文件 / 86

第5章
合伙协议：签署有法律效力的权责合同

5.1 合伙协议应包含的具体内容 / 92

5.1.1 基本信息：名字、地址、日期等 / 92

5.1.2 合伙人的权利和义务 / 95

5.1.3 合伙人的出资形式和计价方法 / 98

5.1.4 入伙、退伙条件 / 99

5.1.5 股权分配的原则 / 102

5.1.6 合伙人可以抽回的资本 / 104

5.1.7 合伙人死亡和继承方式的处理 / 105

5.1.8 企业终止合伙财产的分配方法 / 107

5.2 协议中要特别注意的问题 / 109

5.2.1 理清合伙人的出资 / 109

5.2.2 审查合伙人的主体资格 / 110

5.2.3 不能以"有限""有限责任"命名企业 / 111

5.2.4 明确约定好股权性质和合伙人退出机制 / 112

第6章
合伙人的股权架构和分配

6.1 股权架构的设计要点 / 116

6.1.1 确立设计目标 / 116
  6.1.2 股权设计的基础架构 / 118
  6.1.3 明确创始人控制权 / 119
  6.1.4 员工股权激励 / 120
6.2 股权架构的原则与分配方法 / 122
  6.2.1 原则：股权架构清晰，分工明确 / 122
  6.2.2 方法1：看出资比例 / 123
  6.2.3 方法2：看合伙人贡献 / 124
  6.2.4 方法3：要有明显的股权架构梯次 / 125
  6.2.5 方法4：要预留合伙人期权池 / 126
6.3 对合伙人投资要素进行估值 / 127
  6.3.1 现金实物投资 / 128
  6.3.2 办公场地 / 129
  6.3.3 知识技术 / 129
  6.3.4 人脉渠道 / 130
  6.3.5 劳动时间 / 130
6.4 股权比例的计算方法 / 131
  6.4.1 计算公式 / 132
  6.4.2 投入要素估值浮动 / 132
  6.4.3 事先预估 / 134
  6.4.4 定期评估 / 135

第 7 章
合伙财务的管理与监督：公开财务，收支透明

7.1 财务记账 / 138
    7.1.1 了解基本的财务术语 / 138
    7.1.2 会计科目与账户 / 141
    7.1.3 记账方法 / 142
    7.1.4 会计凭证 / 144
    7.1.5 会计账簿 / 146
    7.1.6 结算方式 / 148

7.2 看懂财务的三张报表 / 148
    7.2.1 资产负债表 / 149
    7.2.2 利润表 / 152
    7.2.3 现金流量表 / 154

7.3 了解合伙企业应缴纳的税费 / 156
    7.3.1 比照个体户缴纳所得税 / 156
    7.3.2 遵循"先分后税" / 158
    7.3.3 企业本身不纳税，由合伙人缴纳 / 159

第 8 章
合伙企业的激励机制：挖掘参与者潜力

8.1 激励要考虑的因素 / 162
    8.1.1 定目标：企业和各部门的目标 / 162

8.1.2　定方法：讲究方法，制定激励机制　/　163

8.1.3　定时间：什么时候激励最合适　/　165

8.1.4　定对象：激励哪些人　/　167

8.2　六种实用的激励方法　/　168

8.2.1　做加法：用超额部分奖励　/　169

8.2.2　做减法：将省下来的资金当奖励　/　170

8.2.3　给福利：行政后勤人员不要忘记　/　171

8.2.4　做表彰：给最优秀的人大奖　/　172

8.2.5　给按揭：用未来的筹码换得今天的回报　/　173

8.2.6　给分红：用内部合伙人分红留住人才　/　174

8.3　激励要注意的问题　/　175

8.3.1　物质激励外更要注重精神激励　/　175

8.3.2　平衡奖励与风险　/　176

第 9 章
合伙制企业问题处理

9.1　与合伙人合作的问题　/　180

9.1.1　合伙人不出钱　/　180

9.1.2　合伙人不参与经营　/　182

9.1.3　合伙人能力不行　/　183

9.2　避免与合伙人的矛盾激化　/　184

9.2.1　理智分析合伙人行为，不盲目轻信　/　185

9.2.2　避免就事论事，草率下结论　/　186

9.2.3 尽快修补彼此的关系 / 188
9.3 常见的矛盾问题和解决对策 / 189
 9.3.1 战略失误：缺乏制度与权责体系 / 189
 9.3.2 决策谈不拢，谁来拍板 / 191
 9.3.3 经营理念分歧，如何顺利化解 / 193

第 10 章 合伙风险规避

10.1 法律风险 / 196
 10.1.1 涉及财产条款 / 196
 10.1.2 企业内部事务划分 / 198
 10.1.3 用劳务出资 / 199
 10.1.4 隐名合伙 / 201

10.2 合伙人个人的风险 / 203
 10.2.1 合伙人离婚的风险 / 203
 10.2.2 股权代持的风险 / 205
 10.2.3 合伙人死亡的风险 / 207

10.3 涉税风险 / 208
 10.3.1 股权激励的涉税问题 / 208
 10.3.2 股权对赌协议中的涉税问题 / 209
 10.3.3 股权转让中的涉税问题 / 210

第11章
合伙人退出机制

11.1　事先制定好退出机制　/ 214

　　11.1.1　对创始合伙人发放限制性股权　/ 214

　　11.1.2　分期兑现股权　/ 215

　　11.1.3　约定回购机制　/ 216

　　11.1.4　不还股权：设定高额违约金条款　/ 216

11.2　以什么模式退出　/ 217

　　11.2.1　回购退出模式　/ 218

　　11.2.2　绩效考核退出模式　/ 219

　　11.2.3　新三板退出模式　/ 220

　　11.2.4　IPO上市退出模式　/ 221

11.3　避免合伙人中途退出：确定成熟机制　/ 222

　　11.3.1　按年份成熟　/ 222

　　11.3.2　按项目进度成熟　/ 223

　　11.3.3　按融资进度或额度成熟　/ 224

附　录

合伙经营协议范本　/ 228

合伙人出资确认书　/ 233

新合伙人入伙协议范本　/ 234

合伙人股权分配合同范本　/ 235

合伙人股权转让协议范本 / 237
合伙人分工协议范本 / 238
合伙企业章程范本 / 239
合伙企业财务制度范本 / 242
合伙人股权代持协议 / 244
合伙资产分割协议书范本 / 247
合伙人股权激励方案协议范本 / 248
合伙人利益分配协议范本 / 250
合伙人退出协议书范本 / 252

参考文献 / 254

第1章

合伙企业的模式、入股方式和适合类型

在互联网时代,单枪匹马进行创业虽然是一种壮举,但是却极易失败。打造合伙人机制,进行合伙创业,不仅能够自由灵活地应对各类突发状况,还能够有效地化解经营危机,把众多人的意见和想法筹集起来,商议出最佳的解决方法,毕竟三个臭皮匠顶一个诸葛亮。那么,如何才能够成为成功的中国合伙人呢?合伙企业的模式及入股方式又有哪些呢?什么类型的企业适合进行合伙创业呢?本章我们将主要解决这一系列的问题。

1.1 合伙人机制的三大模式

现代社会企业竞争的核心已经不再是资本的竞争,而是人才的竞争。合伙人机制利用各种激励手段留住人才,已经成为大多数创业型企业发展的主要方式。合伙人机制由三大模式构成,分别是公司制的合伙人模式、联合创业模式和泛合伙人模式。

1.1.1 公司制的合伙人模式

"公司制"是企业的一种组织形式,但是在其发展的过程中,往往会造成组织结构僵化、人员涣散甚至组织结构臃肿化等难题。"合伙人机制"的组织结构轻便灵活,能够集合众人智慧来解决管理难题,因此很受欢迎。但是"合伙人机制"存在无限连带责任的经营风险,合伙人之间的经营更要仔细慎重。

"公司制的合伙人"模式能够有效地结合"公司制"和"合伙制"的优点,施行类似企业的组织结构,避免合伙制无限责任的约束,同时又能够把短期激励和长期激励进行有效的融合,从而发挥核心人才的建设性作用。

目前,公司制合伙人大致可以分为两种模式,分别是股权型合伙人制和平台型合伙人制,如图1-1所示。

图1-1 "公司制合伙人"模式的两种基本类型

股权型合伙人制是一种长期激励的合伙人模式，主要通过向核心人才分享股权的方式进行企业的优化管理，从而实现合伙制企业的长远发展。

平台型合伙人制通过建立支持平台的形式，形成以合伙人为核心的业务团队，从而能够最大限度地发挥企业内部各个团队的能动性。这一业务团队成功地打破了原有组织内部的纵向决策与横向分工体系，每个合伙人都能够享有充分的决策权和相当的项目收益。这样合伙人的团队归属感和工作积极性就都会高涨。另外，公司总部也由领导者的角色转化为项目的辅助者和支持者，这样能够使公司更加民主开放，其内部平台创业的可能性会更大，成功率也会更高。

例如，北京某眼科医院在采用股权型合伙人制后，在业绩上就有了非凡的成效。该眼科医院主要向核心人才分享项目股权，从而提高他们工作的积极性，最终保持了公司的高效运转。同时，这一家眼科医院在建立分部医院时，也会出售给核心技术人才一定的项目股份，当分部医院建成而且实现盈利后，总部会再次赎回之前出售的股份。这样的股权分享模式，一方面可以将核心科技人才与公司进行利益绑定，发挥他们工作的积极性与创造力；另一方面，也能够实现公司规模的扩张和可持续性发展。

1.1.2 联合创业模式

在"双创"的新形势下，国内的创业热情大幅增加，但创业团队的成功率却不是很理想，这与创业团队创业模式的选择有着密切的关联。

联合创业模式，顾名思义，就是投资人以创业者的身份加入创业团队，并由他们提供资金支持。投资人的股权占比并不大，他们只是以小股东的身份对创业团队进行辅助，从而实现创业团队的长远发展。

联合创业模式是由"星河互联"公司在实践摸索中所创造出的新模式。星河互联主要为创投公司提供以下6项服务，如图1-2所示。

图1-2　星河互联为创业公司提供的6项服务

这6项服务对于初创团队的成长具有极其关键的作用。对此，星河互联的CEO徐茂栋说道："我们就是在这个关键的成型阶段，给创业团队注入能够打胜仗的基因，这也是我们跟其他的孵化器或VC本质上的不同。另外，当创业团队的核心团队、价值观、战略方向还没有完全成型时，各方面的问题都会暴露出来，所以我们就要跟创始人和管理层紧密地联系在一起，帮助他们解决这些问题，实现发布快、迭代快、增长快、融资快这四'快'，抢占市场先机，向市场要效益。其实我们把80%的时间和精力都放在了这个阶段。"

从整体来看，在整个联合创投的过程中，星河互联会坚持两个原则：其一是不对赌原则，其二是不派人原则。换言之，星河互联能够充分相信自己选择的创业团队，让其充分发挥主动性，实现创业的初衷。

星河互联之所以能够创立联合创业这一新模式，与两个要素密不可分，如图1-3所示。

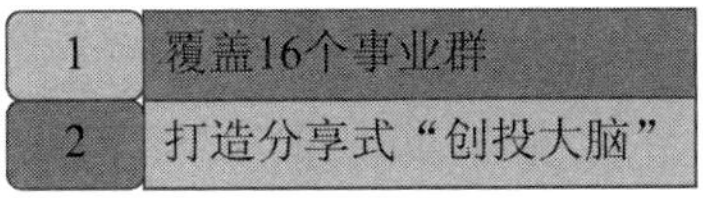

1	覆盖16个事业群
2	打造分享式"创投大脑"

图 1-3　星河互联独创联合创新模式的双要素

一方面，星河互联覆盖 16 个事业群，能够提供多元的服务。这 16 个事业群以"互联网＋"和"前沿技术"两个大方向为主，其中包括 AI、VR、云计算大数据、O2O、企业服务、社交媒体、娱乐数字化、互联网餐饮、服装、金融、房地产、旅游、汽车、教育、健康和互联网农业等。

例如，智能手机刚问世时，星河互联就断定移动游戏有广阔的发展前景，未来肯定能够为其带来巨大的利润。经过认真考核后，星河互联选择了艾格拉斯手机游戏创业团队。现在，艾格拉斯已成功登陆 A 股，其旗下手游产品也异常畅销。例如，3D 手机网游《赤壁 Online》以及精品人气手机网游《誓魂 Online》等。这些手游产品不仅在中国火爆，而且还远销至海外，特别是韩国与欧美等发达国家。

另一方面，星河互联积极打造分享式的"创投大脑"，形成合理的业务生态系统。例如，在互联网餐饮领域，星河互联与锅否、夹克厨房等初创公司展开密切合作，如今已经在互联网餐饮的消费场景与消费环节领域实现了细分，形成了多元风格的矩阵品牌。在互联网教育领域，他们也已经为营天下、彩虹蜗牛等多个初创品牌提供了资金支持。

无论是对投资机构，还是对创业团队，联合创业模式都是很适宜的合伙创业模式。它不仅能够为创业团队提供资金支持、技术支持，发挥创业团队的积极性，还能够进一步降低投资人或投资机构的风险。因此，在新时代，初创团队要积极利用这一模式进行创业，这才能让未来的创业之路更好走一些。

1.1.3　泛合伙人模式

关于合伙人制度，马云说道："未来不是人才的竞争，而是合伙人制度的竞争。"泛合伙人模式也是创业团队可以选择的一种模式。

泛合伙人模式，不只是针对合伙制企业。对于一些常规的企业而言，如果能够在公司内部实施股权激励的措施，参照一些合伙制企业的模式，那么这个公司就可以称得上是泛合伙制企业。例如，通过期权、限制性股票，或者是员工持股等方式激发员工的积极性，从而实现公司的长远发展和持久盈利。另外，如果一个公司有1万名员工，其中8 000名员工都有一定的股权，那么我们也可以称这个公司是一个泛合伙制企业。

泛合伙人模式，不仅注重股权激励，而且还注重精神激励。在早期，泛合伙制企业都是以股权激励的形式展开，为企业创造更多的财富。在企业发展壮大的过程中，公司的各个合伙人对彼此会有更多地了解，对公司发展远景有着更深刻的认知，其工作的默契度也有很大的提升。此时的合伙人更会是志同道合的朋友，他们的合作方式又上升了一个台阶，他们之间会由物质层面的合作，上升到精神层面的合作，成为真正意义上的合伙人。

泛合伙人模式的典型代表就是OPPO和vivo智能手机公司。OPPO和vivo智能手机公司在全国有25万个连锁门店，取得了规模经济效应，而且在2017年，公司的纯利润达到15%。这无疑是一个很可喜的成绩。

OPPO和vivo的泛合伙人模式，依靠统一的信息平台，进行数字化的高效运营管理。其25万个门店都是他们的合伙人，这些分店依托总部提供的品牌、平台与管理体系，进行智能机的生产运营以及售后服务等综合管理。

在这一模式下，每一个分店都成为总部的一个生产车间。公司也能够实现分布式作业与管理，最终能够打通产业的价值链，其年利润率也保持较高的增长，实现长久的盈利。

由此可见，泛合伙人模式既能够让创始团队掌控企业的话语权，又能够保证企业的高效运营和长远发展。但是想要用好这一模式，必须抓牢以下三个要点，如图1-4所示。

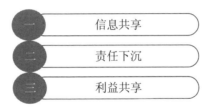

图1-4 泛合伙人模式盈利的三大要点

在信息时代,创业团队建立泛合伙人模式必须要依靠以上三个要素,也就是"信息共享、责任下沉、利益共享"这一条12字方针:

(1)信息共享能够保证合伙人之间信息公平及工作高效;

(2)责任下沉既要把权力下放到每个具体的部门,让他们有充分的自主决策权,又要保证他们不偏离企业整体的发展方向;

(3)利益共享能够最大限度地激发合伙人的主人翁精神,更大程度地发挥其主观能动性,为企业创造更多的财富。

企业若能将这三者进行有机结合,就能够充分利用合伙人模式,使自身获得长远发展,完成自己创业的目标。

泛合伙人模式具备神奇的力量,真可谓是"有钱的出钱,有才华的出才华",并能够充分发挥人力资本在财富创造中的主导作用。

1.2 合伙创业入股方式

合伙创业虽然能够汇聚各方的优质资源,加速资本的早期积累,缩短公司的成长过程,但是由于其创始团队人员众多,想法各异,进而就会增加经营管理的难度。那些在创业初期因经营理念分歧或者利益分配不当所产生的问题,往往会使初创公司死于摇篮之中。为了减小创业失败的概率,合伙创业公司必须从股权结构上对合伙人进行规划管理,使不同的合伙人有不同的入股方式。企业还要学会根据不同的入股方式,采取不同的股权管理策略。

1.2.1 均等投资与差异投资

"均等投资，均等收益"是合伙创业的一种理想方式。差异投资是按照合伙人资本投入的比例进行差异化管理的一种方式。投资人的投资金额越大，那么他的话语权也就越高，公司盈利后其获得的收益也就越大。

在合伙创业的过程中，创业者要根据合伙人的财力状况以及该合伙人对团队的贡献，最终决定选取哪一种投资方法。

如果投资合伙团队一致坚持"同等投资，同等收益"这一理念，那么就要使用均等投资这一投资方法。均等投资一般适用于小型创业。例如，与朋友合伙开一家火锅店、水果店、书店或者健身器材店等。

梅华、蓝亮和祝君在大学时期就是志同道合的朋友，他们都爱读书，看到好书总是会感慨万千，读到精彩部分时也会感到如痴如醉。因此，他们立志要做成功的书商，在淘宝商城开一家图书店，把最优秀的图书，放在自己的平台上，让更多的人受益。

大学毕业后，他们的阅读量越来越大，对图书的种类有着很清晰的认知，对什么样的书才是好书也有着深刻的见解。毕业后，他们三人就开始投资，建立自己的网上书店。经过讨论，他们一致决定按照"均等投资，均等收益"的原则进行投资创业。

因为投资的比例一致，所以在具体的运营过程中，他们都能够按照民主的方式进行自由的讨论，最终选择出最适宜销售的图书。经过反复商讨，他们三人都认为，做图书销售主要卖三类书：第一类是经典图书，包括文艺类图书、财经类图书和漫画类图书等；第二类是热销图书，包括时下流传度最广、好评最高的图书；第三类是小众图书。

为了能了解读者最喜欢的小众图书，他们专门学习了相关的数据统计知识，利用百度指数和其他的数据工具，对图书细分领域的数据进行深入的挖掘。通过研究他们发现，爱好收藏图书的人喜欢线装版的图书，喜欢收藏内容精彩、纸质优良、包装精美的图书；一些人喜欢文字竖版排列的图书；还有一些人喜欢收藏残本图书……总之，根据这些数据，他们开始有针对性地进行图书采购，而且做到了量化精准的营销管理，最终他们的小众图书深受买家的欢迎，由此实现了书店的盈利。

如果合伙创业团队有着共同的创业梦，但是各自的家境不一样，其投资的金额自然也就存在差异。这时他们就要优先考虑差异投资的方式了。

彭仁是一名中餐店的高级厨师，他做的菜肴深受客人喜爱。但他在工作中发现，如果总是给别人打工，很难挣到大钱，于是就计划和好朋友合伙开一家属于自己的餐饮店。

由于他的两个好友资金不多，因此刚开始他们投入的资金比例就较低。这家餐饮店一共由三个人合开，在投资占比中，彭仁占40%，其他两人分别占25%和35%。这样他们就按照投资差异进行差异化的利润分成管理。在具体的工作过程中，他们三个人会进行民主协商，定期推出一款新的菜肴，定期给出限时优惠活动。因此，他们餐饮店的经营效益良好，并最终获得了很高的盈利。

以上案例说明，没有最好的创业投资方式，只有最适合自己团队的创业投资方式。在进行合伙创业时，只有综合考虑合伙人的财力状况、性格特征，同时结合具体实践的要求，才能够决定采取哪种投资方式更好。

1.2.2 技术要素入股

在移动互联网时代，"全民创业"已经成为一种浪潮。在这一浪潮中，许多创业团队都在为选取技术合伙人这一问题而苦恼。

这是互联网创业公司需要面对的共性问题。时代在变化，虽然技术达人越来越多，但是面对高节奏的生活压力，他们中有人另起炉灶，进行个人创业,有人选择与互联网巨头合作,申请成为其技术合伙人,而大多数人都不愿意与初创型小型互联网公司合作。

"世上无难事,只要肯攀登。"这是亘古不变的真理。初创公司在选取技术合伙人时,一定要坚持不懈,找到最适合自己的方法。笔者通过积累大量的实践经验,在这里为大家总结出三种选取技术合伙人的方法,以供参考,如图1-5所示。

图1-5 技术入股股份分配可行性方法

第一种方法是设定目标法,就是根据目标确定合伙方的股份比例。为了吸引到技术合伙人,资金投资方和技术合伙人可以建立一个三年规划。假设第一年的盈利目标为100万元,第二年的盈利目标为180万元,第三年的盈利目标为300万元。如果第一年完成了100万元的目标,则要多赠予技术投资方2%的股份。

以此类推,初创公司通过目标的设定与完成度,合理调整技术合伙人的股份,最大程度地吸引他们,以此来调动他们工作的积极性与热情度。

第二种方法是作价入股法。这种方法的原理如下:A公司以原有资产入股,邀请技术合伙人后,按与其商定比例进行股权分配,并根据最终的收入状况,按比例进行作价入股。这是一种量化的、比较科学的技术股权作价方法。

假设A是某公司的创始人,在公司发展到某一阶段时,为保证产品的迭代升级,从而促进公司的长远发展,其邀请B核心技术人员入股。假设B入股后,A公司的资产价值为400万元,经双方商订,A与B的股权比按3∶1进行分配,5年后结算确定最后股份比例;若5年后公司资产价值达到1 000万元，其中新增加的600万元仍按3∶1分配。这样相当于A一共出资400＋450＝850万元，B方出资100+150=250万元。这时确定A与B的股权占比为17∶5。

第三种方法是名义共同出资法。名义共同出资法是指双方预先设定一个股份比例，然后根据一定的偿还方法实施。例如，投资方A与技术方B共同成立了一个公司，资金由A投入，技术由B投入，则股份比例为A∶B。双方商定利润分红的百分比，技术投资方的分红优先偿付资金投资方的垫资；如果合作公司不能盈利，无法偿付资金投资方的垫资，导致大家决定清盘，则所有剩余资产优先偿付资金投资方的投资款。

总之，这三种技术合伙的方法是最常用的合伙入股的方法，也能够在很大程度上吸引技术合伙人的关注，从而帮助创业者找到最适合的技术合作伙伴，实现创业的目标。

1.2.3 资本与知本结合

在移动互联网时代，员工的知识与素养越来越重要。知识丰富的员工往往会有更多个性化的想法，强压制的管理对其并不适用。此时如果在人才处理的问题上，没有用到好的办法，则会给合伙创业公司带来巨大的灾难。

这时，企业就需要职业经理人的帮助，解决企业人才管理的困境。因为职业经理人代表了"知本"，他们有更有效的管理方法，对高素质人才进行科学的管理，从而促进公司的平稳高效运转。

可是，职业经理人与投资者之间却可能会存在严重的利益分配问题。创业投资者只是根据庸俗经济学家的市场理论，给职业经理人相对应的工资，而不会根据他们的贡献给出更高的报酬。

如果不对这个问题做妥善的处理，双方的利益矛盾势必会扩大。双方会互相算计，互相防范，从而不利于公司的长远发展。所以，现在"老板读MBA""董事长兼任CEO""职业经理人集体跳槽"等现象成为一种常态。虽然这是常态，但却是一种病态化的常态，这不仅影响到双方共享的利益，还会造成更多的财富浪费。

这里我们通过一个简单的、理想化的故事模型，告诉大家"资本与知本"相互协调、相互结合的重要性。

假设A君在某个荒无人烟之地发现了一座金矿，于是回到城市，招募员工来开采金矿，他一共招募了100个工人，这些人中有炼金术师、挖掘工人、运输工人和会计等。一年后，A君靠开采金矿发了大财，其纯盈利额达到了1 000万元。

A君此时有两种做法可供选择。

做法一：把50%的盈利作为工资发放给工人。这样每个工人手里就都有了钱，有了钱，他们可能就会去做其他的事情，比如，可以去城市里采购一些商品，在此地售卖，做自己的小本生意等，这样大家共同享受到了金矿带来的好处，金矿周边也日益发展起来，10年后，这里成为了一个繁华的小镇。

虽然这里的金矿资源逐渐枯竭，但是其他行业却得到了空前的发展，人人都生活得很幸福。

做法二：把5%的盈利作为工资发放给工人。这样分发到每个工人手里的工资就会很低，只是能够解决其温饱问题，当金矿挖掘完后，工人们仍然很贫穷，只有A君获得了巨大的财富。这样两极分化严重，也不利于社会的安定和可持续发展。

其实，这个故事里的A君就是创业团队的资本力量，所有员工代表的就是知本力量。如果董事会不能够给职业经理人合适的薪酬，公司的长远发展必然会受到严重的、不良的影响。

所以，创业团队应该重视"知本"的力量，给予职业经理人最适宜的报酬。具体来看，这需要多方面的协助，如图1-6所示。

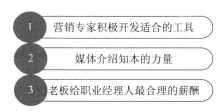

图 1-6　合伙创业团队发挥"知本"力量的手段

首先,营销专家要积极开发适合的工具。例如,开发最适宜职业经理人的价值发现、价值评估及价值匹配工具。这些工具能够同时兼顾知本与资本,使得老板与职业经理人双方的效益都能够达到"边际效应最大化"的效果。

其次,社会媒体应该积极宣传知本的力量。在过去,社会媒体总是会关注企业创业者的种种事迹,重点宣传创业者对企业的重要作用。可是在知识经济时代,有资本的人未必有最专业的人才管理手段。这时一个优秀的职业经理人就能够帮助创业者减少许多管理成本,提高公司的效益。

最后,在企业内部,老板要给职业经理人最合理的薪酬。薪酬不应仅仅按照市场上统一的标准进行设定,而是要用最科学的价值尺度来衡量职业经理人最真实的价值。所谓最真实的价值,就是要根据职业经理人的贡献度,做出最公正、最合理的奖励,其中真实价值的最低标准是要保证职业经理人维持日常生活所需的种种费用,如医疗费用、孩子的教育费用以及高质量的精神文化需求等。

1.2.4　股权众筹

股权众筹是时下互联网金融领域中最炙手可热的一个方向。2015年,李克强总理在"两会"报告中提出"大众创业、万众创新"的观念,也使股权众筹成为万众关注的焦点。

"股权众筹"的概念由美国知名学者迈克尔·萨利文(Michael Sullivan)于2006年8月首次提出。他在其撰写的文章中使用了"Crowdfunding"

一词，并将其定义为"众人通过互联网把资金汇聚在一起，由此来支持他人或者组织发起的项目"。

美国 AngelList 股权众筹平台便是随着股权众筹概念的诞生而兴起的。AngelList 是世界上第一家股权众筹平台，是股权众筹平台的鼻祖，它的出现颠覆了整个创投圈的游戏规则，其开创的合投模式就是目前国内最流行的"领投＋跟投"模式。

对于合伙创业企业来讲，股权众筹有以下 3 个优势，如图 1-7 所示。

一	去中介化，效率高、成本低
二	小额众投，风险低
三	投后众包

图 1-7　合伙创业股权众筹的优势

由此可见，股权众筹与传统的股权投资最大的不同在于前者投资人数众多，投资资金比较分散，这样就能够使投资人的投资风险降低，投资的效率增加，从而达到最佳的投资效果。作为合伙创业型企业，要想成功进行股权众筹，必须好好利用以下四种基本模式，如图 1-8 所示。

图 1-8　股权众筹的四种模式

模式一：有限合伙模式

有限合伙模式是根据投资人人数来决定的一种股权众筹模式，其众筹人数众多，一般由 50 个人组成一个有限合伙体，然后由有限合伙体进行项目投资，并且成为该投资项目的股东。目前，股权众筹大多数都采用这种模式，如蚂蚁众筹、京东东家等股权众筹平台。

有限合伙模式有两个好处：一方面，天使投资人能够通过合投降低投资额度、分散投资风险，从而获得额外的投资收益；另一方面，众多非专业的跟投人也能够免去审核和挑选项目的成本，进一步降低投资风险，获得更高的投资回报。

模式二：公司模式

股权众筹的公司模式是一种由投资人设立公司，再把公司发展成为融资公司的股东。这种模式适合投资规模较大的项目，但是会存在比较大的风险，因此投资人要慎重使用这一模式。

模式三：代持模式

专业的股权众筹投资人为了获得更多的盈利，不可能"把鸡蛋放在同一个篮子里"。因为若只关注一个项目，投资人会背负很大的风险。如果对于该项目的投资能够取得盈利，固然很好，但是市场上总是会存在诸多的投资风险，一旦出现意外，公司就会陷入困境。

由此，专业的股权众筹投资人会广泛撒网，投资众多不同的项目。分散的投资会让他们在不同的项目上获取相应的报酬，可是，如此一来，却又会使投资人无暇全身心地顾及某些项目。

在这一情况下，代持模式就诞生了。代持模式是指董事会在众多项目的投资人中选取最优秀的投资人，并与之协作、签订股权代持协议，最终再由这些优秀的投资人作为项目的登记股东。这一模式对投资项目比较多的投资人来讲非常实用，它能够让最专业的人处理最专业的事，达到事半功倍的效果。

模式四：契约基金模式

契约基金模式是由基金管理公司发起设立契约基金的一种经营模式。在这一模式下，基金管理公司与项目投资人签订契约型投资合同，并最终成为该项目的股东。

以上四种模式，各有其使用的条件与环境。合伙创业性企业在使用时，一定要对其进行深入的了解，同时根据自己公司的特点，选择最适宜公司发展的模式。

1.3 适合合伙人机制的四类企业

合伙人机制能够最大化地激发企业经营管理的活力,保持公司治理结构的稳定,使公司实现长远发展,但是,并非所有的公司都适合合伙人制。那么,哪些企业最适合合伙人制呢?企业又该如何利用合伙人制提升盈利能力呢?本节将对以上问题做出详细的解答。

1.3.1 知识型企业

管理学大师彼得·德鲁克曾说:"在知识社会,传统的老板和下属的关系将会消失。"所谓传统老板和下属的关系,是指一种雇佣和被雇佣的关系。而在知识经济时代,老板与下属的关系将会得到进一步转化,成为新型的合伙人关系,知识型企业更是如此。

知识型企业有四大特点,如图1-9所示。

图1-9 知识型企业的四大特点

(1)知识型企业注重把最新的知识应用于科学实践之中,并最终创造出最优质的科学产品,为我们的生活提供服务。

(2)创新是知识型企业发展的方向和动力。为了实现创新,知识型企业必须持之以恒地利用知识管理的方法提高企业的创新能力。

（3）知识型企业以知识服务为发展导向，为用户提供更高质量的咨询服务，最终提升公司的品牌价值。

（4）知识型企业重视员工的创造性，能发挥出员工的最大价值。

以上四大特点都能够证明，知识型企业的员工需要更多的创新性、协作性与学习力，而提高员工的创新性离不开优秀的管理制度。这就需要知识型企业利用合伙人制度，从原有的管理迷雾中走出来，从而促进公司的长远发展。

首先，合伙人制度能够有效协调资本与知识的关系。知识型企业实行员工合伙制，能够让核心员工获得部分股权，增加员工的主人翁意识，促使员工更加努力地工作。

其次，知识型企业通过合伙制度能够突破传统的雇佣和被雇佣关系，使企业员工的关系更加地自然亲切。经过日积月累，企业的向心力和凝聚力就会更强，从而促使企业稳健发展。

再次，知识型企业实行合伙制度能够践行以人为本的思想。"以人为本"的思想核心是，公司的发展要依靠员工，发展成果要惠及员工。因此知识型企业邀请核心员工做他们的事业合伙人，既能体现以人为本的理念，又能促进企业的长远发展，可谓一举两得。

复次，知识型企业实行合伙制度能够创造良好的工作环境，进一步实行柔性管理策略，促进公司更长远地发展。例如，谷歌和微软便极为了解知识型员工的核心诉求，他们既为知识型员工准备了幽雅安静的个人办公室，又为他们提供了供集体研究的创新型会议室，而且这两家公司也都非常注重员工的整体工作环境，为员工提供咖啡馆、健身馆及游泳馆等基础设施，使他们在工作之余能够得到充分的放松。

最后，知识型企业实行合伙制度能够利用现代技术，建立数字化、网络化的信息管理平台，提高员工的工作效率，有利于员工的平等沟通和交流。

罗辑思维是典型的知识型公司，也是在知识付费时代崛起的一大品牌。罗辑思维非常注重员工的价值。作为公司的带头人，无论是罗胖还是脱不花，他们都认为：罗辑思维的全部价值是由劳动、知识、企业家和资本共同创造的，而在所有的价值创造因素中，人才是最重要的因素。

在实际的管理中，罗辑思维也积极采用小组项目分红模式。这是一种类合伙人制度，虽然它没有涉及股权激励，但是它的效果却比股权激励更直接有效。

另外，罗辑思维对公司"90后"的管理也非常人性化。脱不花认为："90后"群体是公司朝气的来源。所以他们鼓励"90后"员工大胆创新，并对优秀的项目进行全方位的支持，通过多元的方式，不仅在物质上吸引了年轻人，而且在精神上也成为他们的合伙人。在这样的机制下，其创新小组非常有活力，成员的学习能力和进取心超乎想象。年轻人的努力拼搏对于罗辑思维的长远发展是至关重要的。

合伙人模式一方面能够绑定人才与企业之间的利益，发挥他们工作的积极性与创造力；另一方面，也能够促进公司的规模扩张和可持续性发展。

1.3.2　初创期和战略转型期企业

处于初创期或战略转型期的企业更适合使用合伙人制。

处于初创期的企业在打江山时会遇到种种困难，例如，资金短缺、人才短缺、基础设施短缺等。人财物的缺乏会在极大限度上限制一个公司落地生根。

此时，合伙人模式的出现就能够最大程度地解决以上弊端。民谚"一个篱笆三个桩，一个好汉三个帮"也充分说明了创业者的成功离不开优秀的团队。

创业型公司采用合伙人模式,能够集中人力、物力、财力与智力,众志成城,披荆斩棘,最终克服了种种障碍,赢得属于团队应有的成绩。

北京一家知名的旅行社在初创时,选用的就是合伙人模式。这家旅行社在创业过程中历经风雨,遇到了各种各样的问题,其中不仅包括"用户流失率高"的问题,还包括各种融资困难等,但其最终还是克服了困难,挺了过来。他们如今的成功,除了坚持,还有优秀的合伙人制度的支撑,如图1-10所示。

图1-10 合伙制旅行社成功经营的"两只脚"

正如马云所说:"今天很残酷,明天会更残酷,后天会很美好,但大部分人会死在明天晚上。"一方面,该旅行社的创业团队能够坚信自己的理想,并且持之以恒地走下去,在用户流失率高的时候,积极寻找原因,借助互联网平台,利用大数据分析技术,了解到问题的根源——用户的流失是旅行社的环境、服务、价位的不完善以及同行竞争的影响所导致。于是,初创团队积极地根据数据反馈,进行及时的调整,并定期推出一些优惠活动,有效地提升了用户的留存率。

另一方面,该合伙制旅行社的创业团队有不少优秀的合伙人。这些人都有要做一番事业的雄心壮志,而且来自各行各业,各有专长。有善于理财经营的,有善于内部管理的,有拥有较多资金的,也有擅长文案撰写的。这些人作为旅行社的合伙人,能够在其擅长的领域内最大限度地发挥自己的价值,最终为旅行社创造了巨大的财富。

战略转型期的企业在这一特殊时段会面临种种风险,其组织内部也会出现种种问题，亟待企业进行组织结构调整和人事制度改革，建立起一个跟得上时代潮流、符合公司长远发展的公司管理制度。合伙人制度的应用就能够获得员工和董事会的支持，最终为企业带来更美好的明天。

再举一个例子，上海的一家房地产公司也是利用合伙人制度取得了成功。合伙人制度使该公司总是能够根据时代发展的特点以及形势的变化，做出最好的调整。

在一段时期内，由于房价居高不下致使很多购房者望而却步，导致该公司的房子销售遇到困境。而且市场不景气又导致该公司的售房人员收入降低，压力变大，其幸福感和工作愉悦感荡然无存，使得该公司出现员工大批离职的现象。

为了提高公司内部员工工作的积极性，在2017年，该房地产公司进行了一次内部管理制度改革：公司逐步试水事业合伙人模式。成为事业合伙人后，该公司的员工就有了更多的经济保证，他们也会为了获得更多的财富而付出更多的努力，进而成为该公司的优秀员工，在公司提供的平台上实现自己的财富自由。自从在内部实行事业合伙人的方法后，该房地产公司的发展又有了新的活力。

1.3.3 轻资产企业

资产的轻重是一个相对的概念。我们经常谈到的厂房、设备以及原材料等都需要占用大量的资金，因此属于重资产。而轻资产主要是指公司的无形资产。例如，公司员工的经验、管理流程与制度、关系资源、公司的品牌及文化等。这些无形资产虽然也占用大量资金，但在整体上显得比较灵活。

在移动互联网时代，轻资产企业有5种典型的类型，如图1-11所示。

第1章 合伙企业的模式、入股方式和适合类型

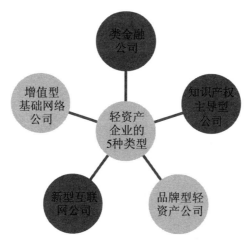

图1-11 轻资产企业的5种类型

类型一：类金融公司

沃尔玛、国美电器、苏宁电器等都属于类金融公司，因为这些企业经营时现金流都很充足、很丰富。强大的现金流能够让这类企业拥有超强的复制能力。复制能力的增强又能够提升该类企业的扩张能力，形成连锁机构，并最终形成规模经济。比如，如今的沃尔玛在全球各地都有连锁商城，可谓是遍地开花。

类型二：增值型基础网络公司

中国移动是典型的增值型基础网络公司。随着无线增值业务的发展，中国移动能够提供更多的用户增值服务，其手机卡可以和用户的银行账户、社交账号或者各类娱乐类APP账户绑定。通过手机卡，用户就能够享受到中国移动提供的多元化服务，随着中国移动服务的种类越来越多，其增值服务的发展情景也会越来越好。

类型三：知识产权主导型公司

同仁堂制药、可口可乐公司则属于知识型主导公司。可口可乐以神秘的配方而获利无数；同仁堂以高品质的药品与服务吸引了大批忠实的消费者。这类企业的无形资产所占的比重更大，因而会显得更加轻便灵活。

类型四：品牌型轻资产公司

耐克、阿迪达斯、橡树国际、脑白金与巨人集团等都属于品牌型轻资产公司。例如，耐克不仅专注品牌和研发，还注重全球化经营。脑白金品牌的成功打造则与史玉柱的品牌营销有莫大的关联，其一句"今年过年不收礼，收礼还收脑白金"成为中国广告史上最经典的广告词。这些品牌型产品在产品的研发设计、营销手段以及售后服务上都非常注重产品的品牌推广，并以此为自己带来更大的盈利。

类型五：新型互联网公司

微商以及小程序电商都属于新兴的小型互联网公司。这些新型的互联网公司在微信的闭环系统下，能够让用户以最快的速度了解自己的商品，同时通过精美的页面设计，能够最大化地留存用户，使用户成为自己产品的忠实粉丝。

以上这5类企业都是轻资产企业。这些企业都有一个显著的优势：能够实施以价值为驱动的资本战略。

具体来看，这些轻资产企业能够建立良好的管理系统平台，并在此基础上集中进行研发设计与市场推广，最终促进企业的生存和发展。

这类企业适宜推行合伙人制度的原因在于：合伙人的入股费用较低，股份收益较高。这样的优势会更易获得合伙人的认可与加入。

1.3.4 控制权稳定的企业

控制权稳定的企业适宜进行合伙人制改革。

稳定压倒一切。只有控制权稳定，企业才能够在其内部较为顺利地进行合伙人制度的改革，而不会遇到阻碍。如果原有股权结构分散，董事会成员之间的纷争过于严重，企业就会从内部丧失行动力和执行力，就更不用说从深层次解决问题了。

M公司是南京市的一家民营企业，其主要生产计算机、电视等产品的配件。起初该公司是一家个人独资企业，在早期，其生产的产品质量较好，深受消费者的喜爱，因此积累了大量的资本和良好的口碑。

而随着时代的发展，许多类似的中小型科技企业如雨后春笋，纷纷涌现出来，由于新型公司的员工少，产品价格较低，打折力度大，因而抢占了该公司很多的市场份额。

面对如此激烈的竞争，2018年年初，M公司决定从两个方向进行调整，如图1-12所示。

公司进行合伙制改革

加大科研资金投入

图1-12 M公司应对挑战的两项核心举措

人力成本较高一直是M公司的经营难题。例如，在进行公司制度改革之前，M公司一直采用较为传统的"工资+绩效"的工资发放方式，同时配合严格的人才竞争淘汰机制，对员工进行激励，控制员工成本。可是，在新时代，一些更加注重自由与个性的年轻员工并不喜欢这样的模式。

痛定思痛，M公司创始人决定进行合伙制改革。由于对公司有绝对的控股权，因此创始人能够快速地推进合伙人制度。

其合伙人制度规定：公司的核心员工能够购买公司的股份，在公司取得盈利后，会获得公司相应的分红。这相比于绩效模式来说，能够更大限度地激发核心员工的活力，增加他们工作的积极性。这一改革方案一经实施，公司的凝聚力与创新力都有了大幅度提升，销售业绩自然也增加了不少。

同时，M公司的创始人也意识到提高产品的科技含量，才是保持竞争力的关键，所以他加大了对企业产品研发的投入，招募了大批技术员工并添置了很多新设备。这样的举措无疑使公司的核心竞争力又得到了大幅度的提升。

控制权稳定的企业要能够紧跟时代潮流，运用最具有活力的组织形式，提升公司的活力与竞争力。当下，合伙企业进行合伙人制度的改革无疑是最明智之举。

第2章

如何寻找创业合伙人

雷军曾说过:"单打独斗已经成为历史,知识经济时代需要优秀的人汇聚在一起,以事业合伙人制凝聚一批有信念的人才。"此外,真格基金创始人徐小平在谈到合伙人的重要性时也表示:"合伙人的重要性超过了商业模式和行业选择,比你是否处于风口上更重要。"

创业维艰,找到优秀的合伙人能够使创业少走很多弯路,使团队走出迷雾与困境,愈挫愈勇,砥砺前行。那么什么样的人才是最佳合伙人呢?他们有什么样的特征呢?我们要通过什么渠道,用什么方法才能够吸引到最佳合伙人呢?这些就是本章要解决的最大问题。

2.1 寻找创业合伙人的几大途径

寻找创业合伙人,要做到有路可循。目前,寻找创业合伙人有四大路径。分别是"五同关系网"、商业活动、弱关系连接渠道以及猎头渠道。这四种方法各自都有使用的场景与方式。合伙创业团队要根据公司的规模、发展情景做出最适宜的选择。

2.1.1 五同关系网:同学、同事、同行、同乡、同好

电影《中国合伙人》中有一句流传很广的台词:"千万别跟丈母娘打麻将,千万别跟好朋友合伙开公司。"这句话虽有其存在的道理,但也对合伙创业人员产生了误导。

所谓"一个好汉三个帮""兄弟齐心,其利断金",这些都表明了合伙做事的重要性。因为与单枪匹马的创业相比,合伙创业具有无可比拟的优越性。只要我们在与朋友合伙创业的时候,能事先制定好规章制度,在红利的分配上做到科学公正,并能够跟进时代做出适度的调整,就能避免大部分问题的发生。

与朋友合伙创业,要建立完备的"五同关系网"。所谓"五同关系网",就是创业伙伴可以是同学、同事、同行、同乡和同好。同好是指跟自己志同道合、有共同爱好的人。

立足于实践调查后我们发现,很多企业的创始人团队成员大都来源

于"五同关系网"。创业者在这一圈层找合伙人,能够更加高效,相比于与陌生人组建合伙人团队,这会节约更多的时间成本和管理成本。

例如,途牛合伙人团队的成员都是志同道合的好友。途牛的 CEO 于敦德在读大学的时候,就与同学严海峰建立了深厚的友谊。他们都曾在东南大学就读。在大学时,于敦德就有一颗"不安定的心",想要做一番事业,在那时,他就创建了一个名为"先声网"的学生社区,而在创建社区的过程中,他结识了严海峰,此后,严海峰便成了他事业上最重要的合伙人。

2006 年,于敦德与严海峰又与东南大学的另外两名好友合作,携手创立了"途牛网"。虽然途牛在前期的经营过程中经历了诸多风雨,但在其团队的共同努力下,还是取得了令人艳羡的成绩。

利用"五同关系网"寻找合作伙伴,是合伙创业团队取得成功的重要条件,但想要利用好这一条件,创业者还需要根据自身的状况,在不同时期、不同条件下采用不同的人才策略。但总体来说,如果决定在"五同关系网"中找合作伙伴,就必须要选取志同道合、相互信任、能力互补的伙伴。这样创业成功的概率才会更大。

2.1.2 通过弱联系寻找

"五同关系网"是一种人际关系的强连接。无论是同学、同事、同行,都是我们容易接触到的人群。可是,当我们不能在自己的朋友圈中找到最合适的合伙人时,就需要通过弱关系来寻找了。

为什么要通过弱关系才能够找到合适的人呢?一方面,我们的人际交往圈子存在局限性,我们与志同道合的朋友相处时间较久,往往会听不到新颖的意见和话语;另一方面,弱关系中的人虽然离我们的生活较远,但其中也不乏社会中的精英人士,他们的话语也都是立足于自身的社会经验。与这些人沟通交流,创业者会有更多的收获和启发。

人际关系中的弱关系，类似于转介绍。例如，刘备得到卧龙，就是通过弱关系的途径。刘备先是听了徐庶的建议，才得知诸葛亮的才干。之后，刘备又真心诚意，三顾茅庐，求得诸葛亮出山，并最终在他的辅佐下，逐步扭转了颓势，建立了蜀汉。

那么，如何通过弱关系找到最理想的合伙人呢？这就需要创业者具备3个方面的素质，如图2-1所示。

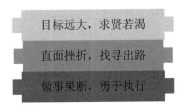

图 2-1　创业者在弱关系中寻求合伙人的 3 项素质

首先，创业者的目标要远大，要有求贤若渴的急切与真诚。诸葛亮之所以决定出山，就是被刘备恢复汉室的雄心与三顾茅庐的真诚所感动。正如诸葛亮在《出师表》中所言："先帝不以臣卑鄙，猥自枉屈，三顾臣于草庐之中，咨臣以当世之事，由是感激，遂许先帝以驱驰。"士为知己者死，只有真正赏识合伙人的才华，合伙人才会为共同的事业，做到鞠躬尽瘁，合伙创业公司才能够有更好的发展前景。

其次，创业者要有直面挫折，找寻出路的素质。正如美国实业家洛克菲勒所言："假如你真心想做成一件事情，你就会找到 1 000 种方法；反之，你则会找出 1 000 种借口。"所以作为创业团队的发起者，创业者必须要有铁一般的意志力，这样当你与合伙人谈论自己的初衷时，就能用自己的气质和感召力使其折服，进而充满干劲地加入公司，与创业者一同开创事业。

最后，创业者要做事果断，勇于执行。美国科幻小说《星船伞兵》中有一句话会对创业者产生极大的影响。这本书中写道："士兵最怕的就是优柔寡断的上司！"创始人是一个公司的主心骨，做事要果断，勇于执行的风格无疑会对合伙人产生积极的影响。

做事果断体现如下：（1）能够为创造价值的合伙人提供更高的物质回报或精神回报，而不是锱铢必较；（2）对创造价值的合伙人充分信任，不要带有过多的疑虑。

勇于执行体现在能够高效地执行其所做出的计划，能够促使公司更好地发展。

虽然通过弱关系挑选人才会有一定的困难，但创业者如果具备以上三种品质，必然能够形成强大的人格魅力，为公司招募到最优秀的合伙人。

2.1.3　通过猎头寻找

创业团队如果在招募合伙人时，仅凭一己之力，总是会困难重重，此时就可以选择优秀的猎头公司帮助寻找合伙人，利用猎头的能力，筛选出优秀的企业合伙人。

据权威的数据资料统计："70%的高级人才通过猎头公司调整工作，90%以上的知名大公司利用猎头择取人才。"由此可见，猎头在人职匹配方面具有无可替代的作用。

初创团队在招募合伙人时，可以通过猎头公司来寻找，这种方式具有以下5个方面的优势，如图2-2所示。

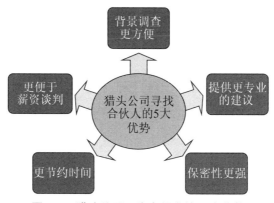

图2-2　猎头公司寻找合伙人的5大优势

优势一：合伙人的背景调查更方便

创业团队在招募合伙人时，都要对候选人的身份进行严格的背景调查，要审核候选人资料的真实度、审核候选人的综合能力等，事情比较繁杂，而且初创的合伙创业公司由于人员、财力有限，往往无法对合伙人进行综合的判断，而通过猎头招募合伙人就能省去这些麻烦。

猎头公司具有丰富的实践经验，能够对合伙人的背景展开深度的调查，帮助创业团队筛选出最适合的合伙人。

优势二：提供更专业的建议

猎头是最专业的顾问，能够为创业团队提供最细致的服务。猎头公司能够根据创业团队的需求，从最客观的角度提供最专业的建议，并最终为团队挑选出最心仪的合伙人。

优势三：保密性更强

创业团队要找到最适宜的合伙人，为了有效地避免同行竞争及被他人挖墙脚，一般都会在保密的情况下进行。而猎头公司的保密机制非常完善，能够最大限度地保证人才挑选的保密性，使信息不被泄露。

优势四：更节约时间

不论是创业团队还是高级合伙人，时间都是最宝贵的资源。而猎头能够快速高效地完成招募过程，其专业的猎头顾问能够帮助人才和创业公司进行快速匹配，从而提高招募推进的速度，并最终大大地节省双方的时间成本。

优势五：更便于薪资谈判

合伙人和创业团队的主要分歧是利益上的分歧。双方直接面对面地进行商业谈判会很容易因意见不合而不欢而散。而猎头公司却能够站在客观的角度，对双方提供的条件进行高效审视及优化匹配，并根据自身专业知识的积累及对薪酬市场行情的了解，帮助双方找到利益的平衡点，从而给出最合理的建议和解决方案。

杭州市的秦先生和钱先生合伙在网上开了一家服装店，他们两个人都有多年的实体店服装销售经验,可却没有网上销售的经验,对于服装界面的图文处理,以及各种营销手段,也都欠缺了解。经过商议,他们决定邀请一名网上商城设计人员加入他们的团队,并计划通过技术入股的方式,提高设计人员的积极性。

于是,他们就联系了一家猎头公司,向猎头公司提出要招募的技术合伙人标准如下:

本科院校毕业,有3年以上的淘宝经营经验,能够较好地完成产品的图文设计工作,善于利用各种活动营销产品。

专业的猎头顾问,经过专业细致的筛选,最终为两人找到了最适宜的合作伙伴。经过一年多的磨合、打拼,他们的网上服装商城也越做越好,并达到了预期的目标。

2.1.4 参加商业活动

在合伙创业时,创业者必须具备发现人才、挑选人才的能力,同时还需要创造一个良好的舆论环境和社交环境。因此,创业者要有目的地参加一些商业活动,尝试着通过这些活动物色最适合的合伙人。

创业者如何才能够有目的地开展商业活动,如何才能成为优秀的伯乐呢?具体来看,大家要做到以下3点,如图2-3所示。

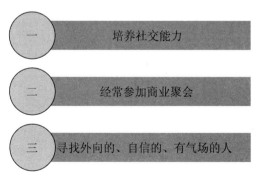

图 2-3　成功参加商家活动来招募合伙人的方法

随着经济和社会环境的发展，人与人之间的交往显得越发重要，而社交的成功率则受到社交能力的制约。创业者在生活中要不断与各类人员打交道，不断地丰富、锻炼自己的社交能力，从而物色到一个社交能力较强的合作伙伴，建立更大的朋友圈。

创业者之所以要选择一个社交能力强的合伙人，因为这类人可以使商业活动的气氛更加活跃，可以轻松驾驭大部分社会场合，并能应对社交活动中的突发情况，为企业争取更多的商业伙伴和人脉资源。

而且社交能力强的人往往具有强大的气场，他们更加开朗自信，能感染鼓舞身边的人，可以使创业团队具备乐观、昂扬向上的气质，从而更容易走向成功。

创业者为了充分了解合伙人的社交能力，可以多带他参加一些陌生人的聚会，并在聚会中对其社交能力进行观察和评估。

一般来讲，社交能力强的人谈吐风趣有内涵，善于表达，有很强的自信心和感召力，可以使人产生亲切感。而如果一个人不善言谈，在活动中表现得比较拘谨，那么，他就不太适合做企业的合伙人。

2.2 吸引合伙人的四种方法

"良禽择木而栖""桃李不言，下自成蹊""酒香不怕巷子深"这些俗语都说明了内在素质的重要性。想要充分地吸引合伙人的注意力，就必须通过多种途径建立自身的优势。具体来讲：第一，要为公司构建一个清晰的愿景和核心的理念；第二，要寻找或创建一个开源的项目；第三，要建立完备的社交媒体；第四，要对潜在联合创始人进行测试。只有这样，创业者才能够更有效地吸引到合伙人。

2.2.1 为公司构建一个核心理念

通过对众多成功创业公司的实践经验进行总结,我们发现,能够高瞻远瞩地进行远景规划,并能脚踏实地落实的公司,在后期的发展中都有超强的后劲与爆发力。

清晰远大的企业发展目标能够让合伙人心向往之,能够起到鼓舞精神的作用。团队创始人在寻找合作伙伴时,一定要将自己的美好愿景向合伙人展示出来,这样大家就会被鼓舞,有了明确的奋斗方向,从而就会和创业者齐心合力,共创事业。

制定清晰的愿景,要求创业者公司要有一个明确的核心理念。这个核心理念如同强有力的黏合剂,能够协调组织关系,凝聚组织人员的力量。

创业公司的核心理念由两部分组成,分别是核心价值观和核心宗旨,如图2-4所示。

图2-4　创业公司核心理念构成的双要素

核心价值观是创业团队最重要的信条,是要永远遵循、铭记于心的信仰。公司内部的核心价值观本身要具备崇高的意义,这样才能够吸引合伙人,同时还能够对内鼓舞人心,对外使自己受到客户的青睐。

核心宗旨是创业团队存在的理由。核心宗旨就像地平线上的启明星,能够昭示创业团队的发展动机,推动创业团队不断进行变革。

在自主创业队伍不断壮大的时代背景下,一个创业者必须要比以往任何时候都更加清楚创业公司的宗旨,这样才能够吸引优质的合伙人,并为团队留下优秀的人才。

2018年年初,四川省乐山市的张志伟和李慧群合伙开了一家餐馆。张志伟有一处面积较大的门面房,而李慧群曾经做过高级餐厅的大堂经理,深谙餐馆的运营之道,可是他们却缺一位掌勺的大厨。因此,他们便打算招募一位优秀的厨师合伙人,这样一方面可以保持后厨人员的稳定性;另一方面也可以推出一系列好吃不贵的特色菜肴,增加客流量,获得盈利。

为此,他们通过猎头公司找到了一位名为张志和的大厨。

张志和听了猎头人员的描述后,便决定和两位餐馆创始人进行深度交流。

在见面后,张志伟便直接说出了他的心声:"我们要办一家让食客放心的餐馆。我们的餐馆要有四川特色,要健康,要好吃不贵。我这个人也比较爱品尝地方特色美食,但是我发现,近些年来,特色已经不再成为特色了,各种地方特色美食成为了共性的吃食,商业化的开发使特色美食失去了原有的风味。我们是四川人,就要继承四川美食传统,做地地道道的四川菜。把濒临失传的川味美食重新做出来,供大家享用,同时要懂得开发新的川味小吃。赚钱是我们的一个目的,但创新川味美食,为食客提供优质服务才是我们餐馆的核心理念。"

而张志和也热爱研究川味美食,对他的观点非常赞同,所以他们一拍即合,顺利地成为了合伙人。在后来的合作中,他们一直践行创立餐馆的核心宗旨,为餐厅顾客提供了各类优质服务,因此将餐馆经营得风生水起。

建立核心理念能够更好地吸引到优质的合伙人。同时,创业团队建立富有正能量的价值观,不仅能够保证其不违背社会道德,还能使正能量在社会蔚然成风;具备核心宗旨,能够让创业团队不忘初心,在理想的指引下越走越远。

2.2.2 寻找或创建一个开源的项目

"有心栽花花不开,无心插柳柳成荫。"也许有时创业者费尽心机,仍然不能说服一名心仪的人加入他的创始团队,成为他的合伙人。可是有时，一些无意之举却能够获得意外的收获。

寻找或创建一个开源的项目，往往能够让创业者找到一批志同道合的人，而在这类人群中，创业者往往会在不经意中找到最合适自己的创业合伙人。

寻找或创建一个开源的项目，最好的方法是进入一个社群。在社群中，创业者既要能够找到与自己有着相似的背景、经验以及爱好的群体，也要能够用最短的时间找到与自己脾气、秉性、想法相投的人群，并从中挑选出与自己最能达成默契的搭档。

在"全民创业"的时代浪潮之下，最能集思广益的社群便是各类众创空间。如果创业者还没有明确的项目和心仪的合伙人，便可以参观并加入一些知名的众创空间，从那里找到新的灵感和默契的合伙人。

目前，国内比较火的众创空间有3个，分别是深圳的柴火创客空间、北京的创客空间和杭州的洋葱胶囊，如图2-5所示。

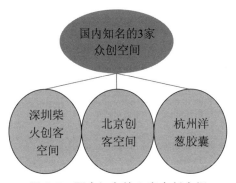

图2-5 国内知名的3家众创空间

深圳柴火创客空间成立于2010年，是一家匠心独具的众创平台。柴火创客空间为创客提供基本的机械加工设备、原型开发设备及电子开发设备等。在这样的工作坊中，各类技术工作人员能够聚在一起，集思广益，进行创新。柴火创客空间的寓意是"众人拾柴火焰高"，希望通过对平台的打造，为Maker提供更加自由开放的合作环境，促进创意人士的跨界合作交流，最终使创意形成产品，得到规模化的开发。

从成立至今，该平台已经成功吸引数万人加入。2015年年初，李克强总理访问深圳柴火创客空间，使它的名气大增，同时，也使众创空间成为风尚。李克强总理在访问时表示："愿意成为柴火创客的荣誉会员，'为你们添把柴！'"

北京创客空间于2011年1月在北京成立。初建时，其工作坊的面积不大，只有20平方米左右。该平台每周都会在工作坊举办一次活动，其团队人员借助微信、微博、豆瓣等社交平台对爱好科技的人们发起活动邀请。在北京创客空间，3D打印机以及多点触摸桌等"神秘"的新技术产品，都能被科技DIY爱好者进行细致拆解，并尝试重新制作出新的样品。

王盛林是北京创客空间的创始人之一。对于众创空间，他说道："重创空间虽然听起来很简单，但这正是我们中国现在缺少的。尽管我们是做实体商品的天堂，但却缺乏很多实体性的孵化机构。我希望将来会有越来越多的'创客空间'诞生，遍布中国的每一个角落。每一个创意小团队的力量是有限的，但是如果能把全国的小团队集合起来，我们就可以掀起一场创意革命，也算为这个时代做了一件大事！"

其实，王盛林也是通过众创空间这一平台，结识了他的合伙人肖文鹏。当时，在与肖文鹏进行深度交流后，王盛林才真正认识到自己的兴趣所在。之后不久，北京创客空间便成立了。

如今，在开源创新精神的指导下，北京创客空间建立了一个又一个开源生态系统，使其兼备了社区与孵化的双重功能。此外，北京创客空间还力图让更多的人加入到项目中去，使项目成果产品化，最终让科技真正改变人们的生活。

2011年11月，几名中国美术学院跨媒体艺术学院的学生在杭州创建了名为"洋葱胶囊"的众创空间，这是国内首家由艺术院校建立的众创空间。洋葱胶囊的交流环境友好和谐，具有开放性和创造性，成功吸引到众多跨界人士的关注。同时，洋葱胶囊也致力于发展成为一个作品的发布平台。其他众创平台的成熟作品都能够在洋葱胶囊的网站上得到定期的展示。这对国内众创空间的发展是极其有利的。

创业者积极踊跃地参加类似的众创空间,就能够在那里找到追梦的人,找到与自己有着共同追求的人,或者是与自己能力相近且性格互补的人,或者是与自己性格相近且能力互补的人,还有可能会遇到事业的合伙人甚至贵人。

2.2.3 建立社交媒体,展现个人才干

虽然说酒香不怕巷子深,但是在新媒体时代,只有好酒,没有好的宣传平台,观众依然不会买账。在吸引合伙人时,创业者需要先发制人,通过建立自媒体的方式,向意向合伙人展示自己的才能,以减少他们了解的时间成本和经济成本。

同时,通过在自媒体平台上的沟通,创业者也能够更加深入地了解到意向联合创始人的性格特征、生活习惯、做事风格,这样就为选择提供了更多的依据,使其选择更加理性,便于以后的合作。

新时代,自媒体的种类多样,风格多元,创业者只有选择最实用、最流行、最适合自己的自媒体渠道,才能够为自己的形象展示加分,并成功地吸引到意向合伙人的关注。

目前,国内流行的自媒体平台有3种,如图2-6所示。

图2-6 国内流行的3种自媒体平台

首先，创业者可以选择新浪微博进行个人观点的表达，如自己对公司未来的规划、对合伙人的基本要求等。

若要吸引意向合伙人，仅仅靠优质内容还是不行的，还要适当的搞一些"小动作"。例如，时刻关注意向合伙人的微博动态，积极评论、点赞进行互动，吸引意向合伙人的关注，同时增加自己的曝光度。

有些人能够很快地吸引到事业合伙人，是因为他们懂得新媒体的广泛传播机制，懂得"招蜂引蝶"之道。例如，吐槽其实就是引起注意的重要方式，吐槽不是随便地评论，而是找到时下的热点事件进行吐槽。创业者吐槽时要用最简洁的话语来表达自己对热点事件的看法，这样能够让意向合伙人更加深刻地了解到其个性与处事方式。

其次，创业者要学会借助微信平台，进行观点的评论和分享。微信的特点是简洁、使用方便，可以较快地与意向合伙人建立联系。此外，创业者也可以通过建立微信公众号，对公司的综合状况进行介绍，来增加意向合伙人对公司现状的了解。微信公众号具有随意转发，随意推荐的功能，其强大的链接关系促成的无障碍的传播，能够增加公司的宣传效果。

创业者在使用微信公众号时，对于内容主体，要注重图文并茂，同时要附带短视频。这种形式是分享观点的最佳形式，也能够让意向合伙人对自己和公司有一个全面深入的了解。

再次，公司的微信公众号一定要保证内容的原创性、质量及稳定的更新。同时，创业者也可以捕捉热点新闻，通过微信公众号做一些精彩的热点评论，引起与之有着相同观点的意向合伙人的注意。

最后，要学会利用抖音等短视频平台进行个人观点的传输和分享。抖音短视频能够即时快速地生成有趣的视频，同时还可以通过其他社交平台进行内容的快速分享，因此深受用户的喜爱。当创业者用抖音把生活中的趣事、糗事和囧事分享给意向合伙人后，他们会觉得对方是一个很懂得生活的人，从而从情感上拉近与创业者的距离。

以上三种平台，都能够通过一定的方式展示创业者的个人魅力。但是在具体的使用过程中，创业者还要根据自己的风格，进行灵活的选择。当然，还要注意社交信息发送的频率，过于频繁的内容发送，则可能会引起意向合伙人的不满。

2.2.4 对潜在联合创始人进行测试

《四步创业法》是一部讲述如何创业的著作。在书中，其作者Steve Blank写道："联合创始人之前应该先'约会'，以此来确定彼此之间是否能够擦出火花，其合作是否能够顺利进行下去。"由此可见，对潜在联合创始人进行测试是十分有必要的。

许多经历过合伙创业的人都有着类似的看法：一家初创合伙企业成功的关键不只是优秀的人才，而是其团队合伙人有着科学的分工、密切的协作和高效的团队执行力。

那么我们如何对联合创始人进行高效测试呢？这里我们为大家提供了3种检测联合创始人的方法，如图2-7所示。

图2-7 测试潜在联合创始人的3种方法

方法一：能力测试法

这主要考核潜在合伙人的核心技能。如果创业者要找一个技术合伙人，那么他就需要根据业内相关的标准，对这位合伙人的能力进行综合的评价，或者深入了解他之前的技术成就和技术创新能力。如果创业者要找一个运营合伙人，那么他就要对对方的从业历史及成功的经验有着深刻的了解。

上海的一家房地产公司在寻找事业合伙人时就出现了明显的失误，最终导致其销售业绩一路下滑。该房产公司的创始人曾在房产销售不好的情况下，也决定效仿大企业进行合伙人制度改革。这样的思路是没有问题的，但是其在具体的执行层面却出现了严重的错误。

起初，该房地产公司的董事会邀请了企业内部的多名中层管理人员入股，成为公司的事业合伙人。此举虽然能够增加他们工作的积极性，但这些管理人员的眼界不够开阔，格局较小，能力较低，因而在很多重大事情的决策上，只知道盲从于董事会的决策，缺乏主见。最终并未使公司的销售业绩得到提高。

后来，鉴于此种情形，董事会决定从外部引入更优秀的职业经理，作为公司的合伙人。他们仍然用合伙制的方法引入了一名业务娴熟的房产业务经理人。这种优秀人才的引入，为公司提供了新鲜的观点和新鲜的血液，其销售业绩也逐渐好转。

方法二：性格测试法

创始团队在招人的时候，必须深入了解合伙人的性格特征。一方面，合伙人的性格特征要能与团队内的其他合伙人形成互补；另一方面，他又要具备感召力，能带领团队完成目标。只有具备这双重特征，他才能够成为优质的事业合伙人，公司的发展才会少走弯路。

方法三：细节测试法

这种方法重点是考察合伙人业务管理的细致力。如果创业团队要找一名专业的财务合伙人或人事管理合伙人，都可以利用这一方法。例如，在选择人事管理合伙人时，要注重他的外在形象，以及他日常的行为习惯和做事方法。通过对他耐心细致地观察，最终决定是否与他展开深度的合作。

如果创业团队成员能够拥有良好的沟通能力和协作技巧，那么必然可以将许多问题扼杀于摇篮之中。在选定潜在联合创始人的时候，创业团队要根据岗位的要求和实际状况，用最合适的方法找到最合适的人选，这样才能够在未来的合作中，把合伙人制度的优势发挥到极致，从而使公司获得较高的盈利。

2.3 寻找合伙人需要注意的问题

在生意场上选择合伙人类似于在恋爱中选择对象。在挑选对象时，一方面，我们会努力提升自我，另一方面，我们也会对对象的综合特征进行深入的了解，最终做出影响一生的选择。具体来看，在选择创业合伙人时，我们要注意以下三个方面的问题：

第一，要学会包装自己；

第二，要在短期内多找几个人进行比较；

第三，要事先了解合伙人的优势资源。

只有做到知己知彼和优势输出，我们才能够找到最适宜的创业合伙人。

2.3.1 学会包装自己

所谓"人靠衣服马靠鞍"，说明美观的外在形象是一个很重要的加分项。在生活中，我们也常听到这样一句话："你的形象会说话！你的形象总是在为你代言。"这充分证明了一个真理：无论一个人的社会地位如何，无论他从事于何种职业，他都离不开形象的包装与塑造，因为现代社会99%的人都会以貌取人。

当创业者在挑选合伙人时，合伙人也在用同样的目光打量着创业者。当创业者出现在潜在合伙人目光里的一刹那，他们就已经开始了对创业者形象的判断与认知。不管实际情况是否如此，他们都会根据创业者呈现出来的外在形象去猜测他的全部。例如，创业者的社会地位、家庭环境、审美能力以及他的未来格局等。

如果创业者不注重外在形象的包装，那么潜在合伙人也许就不会深入地去了解他的内在。因此，要想成功招募到合适的潜在合伙人，创业者就要学会包装自我。

在商业社会，尤其是在选择优秀合伙人时，创业者一定要学会从3个层面包装自己及自己的创业团队，如图2-8所示。

图2-8　创业团队包装自我与公司的3个层次

首先，创业者的外在形象要给潜在合伙人留下深刻而美好的印象。对外在形象而言，其中最重要的就是衣着。衣着打扮往往决定了对方对自己第一印象的好坏，正式庄重的衣着能彰显出对对方的尊重，因此，创业者在着装上要讲究稳重大方，凸显细节，能够体现一定的礼仪感。

而在仪容上，创业者也要做到勤剪指甲勤修面，看上去要整洁有精神，给人留下一种干练有活力的印象。

其次，创业者要学会用现代化的渠道包装产品及公司的品牌。在移动互联网时代，现代化的渠道有很多，例如，微信平台、微博平台、直播平台以及短视频平台等，这些平台都有最佳的使用条件，所以创业者要选择最实用、最流行、最适合自己的自媒体渠道，这样既可以宣传公司的良好形象，又能够成功地吸引到潜在合伙人的关注。

萧美美和田莉莉是经验丰富的美发师，她们俩都曾经在广州的一家大型美发店工作过，在工作过程中，她们成了很好的伙伴，并商议共同创业。于是，2018年年初，她们就一同辞职，利用多年的积蓄，合伙开了一家美发店。

生意做起来以后，因为二人的美发手艺都很不错，所以许多忠实的顾客都来光顾，她们的生意也发展得非常快。没多久，小店就已经容纳不下众多的顾客了。于是，她们决定开连锁美发店。而此时，令她们焦虑的合伙人问题就出现了。经过一致讨论，她们决定通过自媒体平台招募合作伙伴。

第一步，她们在各大公众号平台进行广告链接推广。同时，也利用微信朋友圈进行招商推广活动。在推广中，她们十分注重图片的重要性，用图片来突出经过她们美发后，顾客形象的改观效果。

第二步，她们也积极利用微博发送自己店面的信息。在微博宣传上，她们总是以明星的时尚发型为引子，来引起爱美女性的关注。经过滚雪球效应和口碑效应，她们也吸引到了许多有志加盟人士的关注。

第三步，她们又利用年轻人爱看"抖音短视频"的习惯，积极拍摄并上传一些优质的原创美发短视频，又成功地得到了很多人的好评。

通过多种自媒体渠道的包装，她们成功地吸引到了一批优质的美容美发加盟商，找到了事业上的合伙人，如今她们的生活也越来越好。

最后，要通过文化包装的方式，潜移默化地吸引潜在合伙人。但是要做好文化包装，却不是一朝一夕的事情，需要创始团队尽早着手于公司文化的建设，树立一个具有高价值和高品位的品牌形象。对于要进行合伙制改革的传统企业来讲，更应该在谈判中突出公司的内在文化价值，以此来吸引潜在合伙人的目光。

2.3.2 短期内多找几个人比较

我们在平时购物时，都讲究"货比三家"，因为通过比较，我们才能够找到物美价廉的商品。那么，寻找优质合伙人，我们要更加地仔细和深思熟虑,而不能仅仅是"确认过眼神",就直接拍板做出决定。

人是善变的,在所有的资本中,人力资本是变数最大的资本。因为人具有感情波动性、价值判断性及趋利避害性。在商业社会中,人们的这些属性更容易被淋漓尽致地表现出来。例如,两个人合伙经营一家小饭馆,在获得了一些收益后,大股东为了得到更多的利润,便翻脸无情,强行收购小股东的股份,丝毫不顾及小股东在当初创业时与自己共渡难关的情分。

这些案例可能不是很多,但却足以能够引起合伙创业者的注意。在合伙创业的时候,创业者不要对合作伙伴盲听盲信,更不要"吊死在一棵树上",而是要学会根据自己的理性判断,"人比三家",从而找到最优质的创业合伙人。

冯峰原来是山西的一名煤矿工人。由于煤矿经济不景气,他就选择离职,准备利用多年攒下的资金开一家山西面馆,可是他却欠缺经营头脑,于是就在朋友的介绍下,结识了侯靖。

侯靖与冯峰大致同龄,是一家小型公司的会计,其受教育程度要比冯峰高一些,懂得专业的财会知识和运营知识。

经过考虑,侯靖决定和冯峰联手经营这家餐馆。2016年年初,他们俩一共投资15万元,开了一家山西面馆。冯峰与侯靖的投资比是2:1。冯峰主要负责面馆的生意招揽工作,而侯靖主要负责面馆的原料采购以及做账工作。由于分工明确,术业专攻,他们的生意做的也有声有色。仅仅一年,面馆便取得了盈利。

可是,侯靖却见钱眼开,在最后分成的时候,在账面上做了手脚,私吞了1万元。

起初冯峰对侯靖很信任,并未发觉其账面造假的情况。

而冯峰的妻子李丽却是一个心思缜密的人。一天,她无意间看了一下当天的流水账单,发现与面食相关的原料成本向上浮动了30%~50%。

她就感到十分可疑,因为考虑到这也有可能是物价上涨的原因所导致的，所以并没有当场揭穿此事。但从那时起，她就隔三岔五地暗中查账，并留意每天市场的物价行情，以及面馆的相关物料的进货来源。最终，她掌握了侯靖做假账的证据，便如实告诉了冯峰。

冯峰很爱面子，也不愿意给自己的合伙人造成太多的伤害，于是就私下里把事情解决了，终止了与侯靖的合作。

可是面馆又不能缺少采货人员和会计人员，于是冯峰便听取了妻子的建议，去了一家当地知名的会计事务所，寻找优秀的合伙人。

经过多次的比较筛选，他终于选到了一位名叫钱思进的事业合伙人。钱思进很年轻，为人热情开朗，做事积极上进，而且也懂得一些餐馆的运营知识。

事实证明，他的选择是正确的。又一年后，他的分红总额明显翻了一番。

合伙人的选择至关重要，创业者不能脑子一热就拍板做决定，在选择适当的合伙人时，不仅要考察他的才华，而且也要综合考察他多方面的素质，在综合比较及考量后，最终在多名优秀的候选合伙人中，选出最合适的那一个。

2.3.3 事先了解对方资源

正所谓"知己知彼，百战不殆""强强联合，成就双赢"。找事业合伙人，就要做到知己知彼，洞察合伙人能力，了解他能够调动的一切资源。这样创业者才能够结合自己的优势，进行一次"强强联合"的创业之旅。

在合伙路上，整合资源是一条必不可少的路。有些人有人脉资源，有些人有销售渠道，还有些人有一些短期资源，比如，拉货的车、装货的仓库等，任何资源都可以加以利用，只要对创业有帮助就行，当然，涉及违法犯罪的事情除外。

潜在合伙人的资源有很多，也各有不同。常见的有三种，分别是知识资源、人脉资源及资本资源，如图2-9所示。

图2-9　潜在合伙人的三种资源

在知识经济时代，没有知识，不懂创意，就要被时代淘汰。所以在选择创业合伙人时，要选择有知识、能够创新的人才。

百科FM不同于其他的知识付费平台，其中最主要的区别在于它是借助"知识合伙人"专业配置团队进行产品的推广。

百科FM平台创始团队，十分重视知识的力量。其团队以"知识合伙人"的形式进行创业，打造了极具特色的知识付费平台，创造了更多的财富。百科FM平台创业团队开启了独具特色的"知识合伙人"招募大会，成功地吸引了众多知识型人才，如图2-10所示。

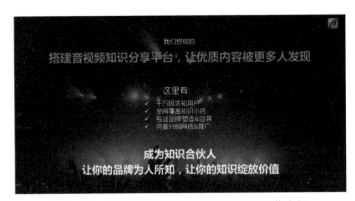

图2-10　百科FM平台"知识合伙人"招募海报

百科FM平台本身就具备强大的知识资源，如图2-10所示，百科FM拥有千万级求知用户，有覆盖全网的知识小店，有专业化的品牌塑造与包装，还有完备的分销推广网络。特别是在知识小店里，用户可以在

1秒内获得丰富的图片、音频、视频以及社群资源，能够在知识文化的海洋中极大地丰富和提升自我。借助这样的知识优势，百科FM希望招募到更加专业的知识型人才。

如今，百科FM借助前期的用户调研，充分利用自身优势，已成功招募到近百名"知识合伙人"。其知识合伙人涵盖的领域很广泛，例如，文化领域、亲子成长领域、技能学习领域、商业职场领域、艺术培训领域、健康生活领域及近期上线的历史文化领域等。

百科FM的"知识合伙人"借助强大的知识能力，可以推广各类优质文案和优质媒体资源，从而能够使用户获得完美的感受与体验。

他们的创始团队认为："在将来的知识付费战场上，内容供给方将成为最核心、最优质的资源。内容供给方就是高质量的知识合伙人。走在这条路上的百科FM，致力于在知识付费领域占据一席之地。"由此我们可以预见，百科FM平台必定会在知识合伙人的模式上越走越远。

没有人脉资源，在商业社会中就会寸步难行。创业者选择合伙人时，一定要选择人脉资源丰富的合伙人。

例如，著名投资家熊晓鸽就是借助丰富的人脉资源，一步步走向成功的。他曾担任《电子导报》刊目的亚洲版的主任编辑，从业期间曾荣获过"99最佳新闻报道奖"。在工作期间，他就积累了丰富的人脉。后来IDG资本看中了他的能力及他的人脉资源，邀请他成为该公司的联合创始人。

刘东华曾经担任《经济日报》和《中国企业家》的责任主编，在职期间，他成功地结识了著名企业家王石、柳传志、俞敏洪等。这些人脉资源的网络，为他之后的联合创业，打下了深厚的根基。

资本资源也是需要考核的一个要素。如果创业团队的发起人员只有满脑子的想法，但是却没有足够的资金支持，也没有获得融资的话，公司就会很难运营下去。有才华的科技人才若要创业，就要优先考虑那些资本雄厚的潜在合伙人，这样才能够让梦想尽早落地生根，成功创建自己的企业。

第3章

人物画像：寻找什么样的合伙人

合伙人最重要的特质就是与创业者志同道合，能在创业者遇到麻烦时给予扶持。然而在生活中，很多合伙人都会在公司成立一段时间后与创业者关系破裂，或者是在公司发展的过程中总是与创业者摩擦不断，并最终走向分裂。

合伙人之所以容易与创业者分道扬镳，主要是因为创业者对合伙人的了解不够深。具体来说，创业者应该选择什么样的合伙人？选择什么样的股东合伙人？合伙人又有什么标准？成功的合伙人的素质有哪些？如何合理评估合伙人？如何减少不必要的摩擦？只有合理解决这些问题，合伙创业才能够少走弯路。

3.1 合伙人选择的总体标准

创业时寻找合伙人,就和我们找朋友、处对象一样,都是需要制定一些标准的。遵循这一准则,创业者就能够以较快的速度找到较为满意的合伙人,少走很多弯路。

3.1.1 "1+4"潜力模型

合伙人之所以难选择,最关键的原因在于我们不能一眼就看清合伙人的素质,我们不能用动态科学的眼光看待合伙人。而潜力模型则能够更科学地预测合伙人未来的发展空间。如今,商业环境复杂多变,具有潜力的商业合伙人能够给公司的未来带来更大的价值。

另外,对创业企业来说,除非创业者的职业经历、社会影响力与资金都具有碾压的优势,否则会很难找到与自己相匹配的合伙人,所以初创公司的创始人必须要从潜力角度发现最佳合伙人。

为了发现合伙人的潜力,创业者可以参照亿康先达公司经过实践检验的"1+4"潜力模型,寻找优秀的合伙人。亿康先达公司认为潜力因素是比资本、经验、智商和情商等更为重要的考核要素。"1+4"潜力模型如图 3-1 所示。

第3章 人物画像：寻找什么样的合伙人

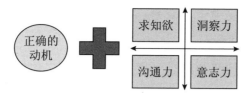

图3-1　亿康先达公司提出的"1+4"潜力模型

正确的动机是潜力模型的核心。对于创业者来讲，具备正确动机的合伙人往往是有着强烈的责任感和极高的投入感，去追求一份伟大的事业的人群。因此创业者在寻求合伙人时，一定要在潜在合伙人身上找寻这样的气质。

潜在合伙人必须要有强大的求知欲望。社会在发展，科技在进步，各种知识也在不断地更新中。创业公司要成长进步，就必须有一群热爱知识，渴望探寻真理的合伙人。求知欲强的合伙人一般适合做科研合伙人，他们能够在创业的过程中，用最前沿的知识，引领公司的产品研发设计与营销工作，推动公司平稳较快地发展。另外，求知欲强的合伙人，总是渴望获得新体验、新知识，总是希望能带领团队进行学习，并且始终保持开放进取的心态。这样的合伙人是一种"燃烧型"人才，有他们的地方，公司内部就会充满着乐观向上的动力与活力。

潜在合伙人一定要具备敏锐的洞察力。我们不得不讲，做生意要具备洞察力和商业头脑。例如，江小白创业团队的合伙人便是一群很有商业头脑与商业洞察力的人。如今，其所处的白酒市场基本上已经成为了红海市场，无论是面向高端人士的酒，还是面对普通大众的酒，或者是面对老年人的保健酒，其市场竞争都极为激烈，不断会有新产品涌现出来。

在这样激烈的竞争中，江小白创业团队硬是从红海市场中脱颖而出，成为白酒界的黑马，其凭借的就是敏锐的商业洞察力。

经过对市场仔细地调研和分析，江小白创业团队发现，过去的制酒企业往往太注重酒的品牌或者价格因素，而忽视了酒中包含的文化因素。比如，茅台酒受欢迎是因为其具备品牌价值，老村长酒受农民喜欢是因为价格实惠，劲酒受男士喜欢是因为有保健作用。而且这些酒的宣传卖点也大都局限于物质层面。

于是，江小白创业团队就另辟蹊径，从文化角度入手，进行品牌宣传。江小白主打酒的情怀，主要是通过各种优秀的文案将情怀表现出来。江小白的创意文案如图3-2所示。

图3-2 江小白的创意文案

"但凡不能说透的东西，都需要靠酒来释怀"，一句话虽言简意赅，但一下子便引起了人们对于酒的情感共鸣；

"别等到你有故事才约酒，有时单纯因为好久不见"，这句话点明了邀请朋友的聚会出发点，更能够起到汇聚好友的作用；

还有，"重要的不是什么都拥有，而是你想要的恰好在身边"，也告诉人们要珍惜身边的人，只有他们才是最重要的。

此外，类似的广告词还有很多。江小白的创业团队总是能够深入生活，用或简洁明了、或声情并茂、或文艺扎心的语言，点燃年轻群体对生活的热情。可以说，江小白卖的不是酒，而是情怀。正是这样的洞察力，从而使江小白团队取得了成功。

沟通力和意志力是合伙人必须具备的另外两种技能。沟通力的重点在于，要运用感情和逻辑进行沟通，要能说服团队成员协同进步；意志力则侧重于合伙人的情商，合伙人要能在逆境中，为了目标愈挫愈勇，不懈努力。

合伙人未必要完全具备以上这5种素质，但只要其具备"1+4潜力模型"中的某一要素，他就能够成为一个合格的合伙人，就会在未来给公司带来更多的利益。

3.1.2 人品好是关键

能参与创业合伙的人有很多，但真正能与伙伴同甘共苦的人却寥寥无几。在我们的生活中也有很多"过河拆桥"的人，有的人在利用同伴的优势让自己的事业走上轨道后，就收购其股份，将其抛弃。一旦与这样的人合作，创业者的努力很可能就会被破坏，付诸东流，甚至沦为别人创业的工具。因此，选择合伙人时，一定要把人品放在第一位置。

如何才能判断合伙人的品行好坏呢？最佳的办法就是走进他的朋友圈，看他的朋友、同事对他的评价和看法。具体来说，在关注所要选择合伙人的朋友圈时，要从以下5个方面了解他的品行，如图3-3所示。

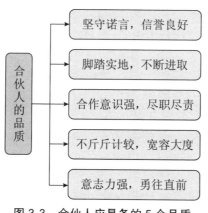

图3-3 合伙人应具备的5个品质

首先,合伙人要坚守承诺,信誉良好。李嘉诚说:"坚守诺言,建立良好的信誉,一个人良好的信誉,是走向成功的不可缺少的前提条件。"在公司创建初期,诚信起着至关重要的作用,它甚至决定着创业的成败。如果合伙人不守信用,反复无常,往往会给公司带来毁灭性的打击。因此,创业者,特别是新手创业者,在选择合伙人的时候,一定要擦亮眼睛,多方打听合伙人在信用道德方面的问题,以免让居心不良者有了可乘之机。

其次,合伙人要有脚踏实地、不断进取的精神。在优胜劣汰、适者生存的商业竞争中,一个不思进取的人早晚会被淘汰。创业者拥有一个务实、脚踏实地、肯干能吃苦的合作伙伴,就会使公司变得更强更大。同时,创业者还要让合作团队时刻保持新的生命力,不断地让优秀的合伙人加入,不断地新陈代谢,保证自己的创业团队是最优秀、最有战斗力的团队,这样才能把公司做得更大、更优秀。

然后,合伙人的合作意识必须强,要尽职尽责。事业成功不是一个人单打独斗就能实现的,需要很多人通力合作,合作意识强的合伙人会让工作变得更加有默契。拥有合作精神的合伙人,并不需要创业者与之进行太多交流,可能创业者的一个动作、一个眼神,他们就能心领神会。同时,有合作精神的合伙人还能够时刻为对方着想,在问题发生时,他会懂得问自己做错了什么,还能做什么,而不会将责任推给其他人,埋怨其他人。

再次,合伙人不要斤斤计较,要有宽容大度的品质。斤斤计较的合作者总是会把辛苦的工作推给拍档,自己拣轻松的做。斤斤计较的人缺乏大局观,往往会因团队成员做错一点小事而大发脾气。选择一个宽容的合伙人,会让合作变得很和谐。

宽容大度的合伙人能够按照公平分工的协议,坚决执行工作;不会斤斤计较,有时拍档病了或者有急事抽不开身,会愿意替拍档多分担,自己多做一些工作;宽容大度者的社会关系好,即便多接了工作,他也不会因为拍档接的工作少而觉得不公;宽容大度者会记得把荣誉归于群体,自己受到表扬,也会说成是共同努力的成果,如有物质奖赏,也会让大家分享;宽容大度者没有私心,总是把合作所得的利益放在首要位置,也不会私下独揽工作成果,将所有利益归己。

最后,合伙人要具备意志力强、勇往直前的特征。

找一个意志力强的人合伙创业,创业者不仅会轻松很多,而且创业道路也会变得更加顺畅,即使在创业过程中遇到困难,只要大家齐心协力,便能共渡难关。反之,如果找一个意志力薄弱,遇到困难就想打退堂鼓,总是让人泄气的人合伙创业,那么创业者肯定不会成功。总之,只有具有"不抛弃、不放弃"精神的人,才可能会是一个伟大的合作伙伴。

3.1.3 融入团队,能够优势互补

合伙创业不是小孩子玩过家家,不是请客吃饭,不是儿戏,而是创业者人生中很重要的一件事情。找合伙人更需要智慧。在找合伙人时,创业者最理智的做法就是找到能够迅速融入团队、能与团队成员形成优势互补的人。这样创业团队才能够形成一股合力,达到"1+1＞2"的团队效果。

其实,许多创业团队都很羡慕《西游记》中的"取经人"团队,认为这是合伙创业中一个较为理想的团队。虽然每个取经人员都有各自的缺点,但是他们能够为了整体的利益,逐渐克服自身的缺陷,发挥各自的优势,屡次战胜路上的各路妖魔鬼怪,最终求取真经。

孙悟空在取经路上,不断克服冲动、暴躁的性格缺点,发挥能打善战的优势,驱逐各路妖魔,保卫唐僧的安全;猪八戒平时虽然很懒,总是吵着要回高老庄,可是在危难关头也总会优先考虑团体利益,做好自己的本职工作。另外,猪八戒还像是一个幽默大师,是团队的开心果,一路上团队遇到的各类趣事都离不开他,他同时也给西游团队带来了许多欢乐;沙僧则是一个兢兢业业、任劳任怨的蓝领工作者,他是核心的

后勤保障人员,离开了他,西游团队的日常生活就不能正常维持;唐僧则是取经路上的"指路明灯",是精神领袖,是坚定不移的追梦人。正是这样一个神奇的组合,才使得他们完成了取得真经的伟大壮举。

创业者可以根据团队的需要,根据公司发展的需要,选择最合适的互补型人才。整体来看,互补型人才分为三种,分别是管理风格互补、性情互补和技能互补。

对于管理风格而言,不同的人,其管理风格也会大相径庭。而团队中的成员所能够接受的管理风格也各不相同。因此,如果团队内部只有一种管理风格,团队管理就会缺乏灵活性,某些不喜欢这种管理风格的员工就会选择离职,从而导致团队人才流失,不利于团队的迅速扩张与发展。

此时,企业的创始人员就应该努力寻找与自己管理风格不同的管理人员。用他们优秀的管理方法,带领、塑造整个团队,最终为企业打造出一支有创意、有才干、有执行力的铁军。这样公司的竞争力才会大幅提升。

性情互补的人在同一个团队中,能够减少团队决策的失误率。如果创始团队的成员个个都像猛张飞,性格火暴,容易冲动,则必然会在其工作中出现很多决策上的失误;相反,如果创始团队的成员中既存在像刘备一样温良谦恭的管理者,又存在像关羽一样忠心耿耿的执行者,还存在像诸葛亮一样才智出众的策划者,那么,创业队伍做事必然会更加细致,其决策的失误率也会更低。

技能互补的人在同一个团队中,能够保持团队的高效运转。如果团队和合伙人都是技术大咖,不懂得运营,那么团队就可能会出现产品技术含量高,但是销售却不好的状况;相反,如果团队中存在的都是会运营的人士,而缺乏核心的科技人才,那么产品就不能得到升级迭代,团队发展自然也会被葬送。

创业者需要找一个能够弥补自身不足的合伙人,与自己保持同步,通力合作,只有这样,才能在企业发展遇到问题时,实现优势互补,寻找出解决问题的新思路和新方法,最终形成组合力量,增强企业的整体竞争力,成功实现合伙创业。

3.2 选择合适的股东合伙人

资金对于初创企业来讲无疑是救命稻草。缺乏资金,或者没有良好的融资渠道,抑或是没有天使投资人的支持,初创企业基本上会很难存活。一些想法很好的初创企业,或者具有发展潜力的企业,往往比较容易获得天使投资人的青睐。但是,在接受天使投资人的投资,使其成为自己的股东合伙人时,创业者也要慎重考虑。

股东合伙人的选择要遵循宁缺毋滥的原则,因为股东合伙人是创业公司的种子,如果种子有问题,则必然难以开花结果,即使结果,也必然是苦果。

从整体来看,创业者在选择股东合伙人时要遵循一些科学的方法:

第一,与股东合伙人的沟通成本要低;

第二,企业创始人与股东合伙人的彼此支撑力要对等;

第三,要在股东合伙人中,挑选出最合适的核心领导人物,即挑选出核心股东;

第四,必要时,要递交商业合作的投名状。

在本节,我们将从以上四个方面,做出更加具体的分析。

3.2.1 沟通成本低

《百度论语》中有这样一句经典的话语:"如果招来的人不足够聪明,那对这个团队将是一种伤害。"聪明的团队创始人在挑选股东合伙人时,一定要选择聪明人，因为和这样的人在一起，工作时会感觉很轻松，交流会很和谐，沟通成本会很低，效率会很高。

有效的沟通能够使创业团队内部人与人之间的思想一致，感情融洽，能够为了共同的目标而任劳任怨。但是，目前许多创业团队都存在沟通成本高的难题。尤其是在选择股东合伙人时，不能够按照沟通成本低的原则去寻找。

具体而言，沟通成本低的股东合伙人有以下3个特征，如图3-4所示。

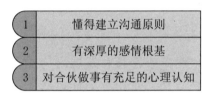

图3-4　沟通成本低的股东合伙人的3个特征

首先，沟通成本低的股东合伙人懂得主动建立沟通原则。因为如果缺乏沟通原则，就会缺乏相互制约的机制。合伙人为了共同的利益而来，要学会有效地避免合伙创业中出现的诸多问题，可以通过制度建设或者有效的沟通方式进行解决。

另外，降低股东合伙人的沟通成本也是企业文化的一部分。合伙创业公司是一个商业机构，是一个为用户提供服务的办事系统，只有在决策层面把事情搞得越来越简单，创业公司才能够发展得越来越快，并最终成为行业内数一数二的顶尖公司。

优质的股东合伙人懂得有效的沟通，降低沟通的成本，他们往往会为了提升决策效率和效果，懂得事先约法三章，懂得把阻碍公司前进的各种绊脚石扫开。

其次，沟通成本低的股东合伙人与创业者要有深厚的感情根基。例如，感情要好、有共同追求的同学，曾经志同道合的同事，这些人都可以发展成为优质的股东合伙人。另外，那些通过弱关系渠道认识的投资专家或者与我们创业项目相关的核心人才，如果我们能够与他们一拍即合，那么这些人也可以成为我们的股东合伙人。

企业类似于家庭。感情根基深的股东合伙人一般不会与创业者轻易分开。俗话说："不是一家人，不进一家门"。感情根基深的股东合伙人与创业者即使经常吵架，也不会影响相互之间的关系。因为在他们眼里，吵架是为了更好地解决创业公司在发展中出现的各类问题。

然而感情根基不深的股东合伙人，往往就会因为细微的利益不均或者某些细微琐事就与创业者"分道扬镳"。即使他们在平常的表现中总是"相敬如宾"，但是背后却可能隐藏着对彼此的诸多不满。感情根基不深就不能使他们对彼此开诚布公，互相信任。长此以往，创业团队内部就会充满猜疑和不满，充满愤恨和怨言，最终会影响企业内部的团结与合作，影响公司管理，进而使公司走向失败。

最后，沟通成本低的股东合伙人会对合伙做事有充足而深刻的心理认知，而不会把合伙创业仅仅当作见证人性美丑的旅行。他们总会为了合作初衷，做出艰难的抉择，哪怕是牺牲自己的个人利益。

沟通成本低的股东合伙人的心理认知主要体现在以下几个方面：

（1）他们知晓天天开会、七嘴八舌地胡乱分析问题，往往会导致决策的失误，会引发公司发展的停滞，甚至创业的失败；

（2）他们知道，创业型的小企业最讲究的是做事灵活果断，而且在初期一定要在灵活方面多下功夫；

（3）他们懂得初创型团队的快速发展比事事追求完美更重要，快速沟通与解决问题比做事表决心更加重要；他们明白解决问题的关键不是只在会议室里瞎指挥，而是要深入用户，深入市场，深入各种事件调查，开发出更能满足用户需求的产品。

我们在选择股东合伙人时，只要能够遵循以上三个特征去寻找，就能够找到最适宜的、沟通成本低的合伙人。在未来与这样的合伙人合作，创业公司成功的概率也会大大提升。

3.2.2 彼此支撑力要对等

股东合伙人要有对等的支撑力，只有这样，才能够使合作的基础更加稳固。否则即使创业者与合伙人能同甘共苦，但在获得一定的成就后，也必然会因为利益分配不均而导致同床异梦，甚至演变为同室操戈。这对创业者来讲是最致命的打击。

股东合伙人的支撑力对等，体现在股权的占比及权力、利益与职能的分配上。股东合伙人的支撑力对等并不是说股权要平均分配，而是要根据合伙人的客观状况，给出最合适的股权分配方案。

整体来看，股东合伙人支撑力对等的股权分配方案要遵循以下四项原则，如图3-5所示。

原则一	股权不能平均分配
原则二	确保核心创始人的控制权
原则三	充分利用"契约精神"
原则四	股份绑定，分期兑现

图3-5 股权分配方案的四项原则

原则一：股权不能平均分配

很多创始人在寻找合伙人时，总是按照投入资金的多少平均分配股份。如果双方在投资相同资金的情况下，两人就会直接以各自50%的比例进行平均分配股权，这种做法是极其愚蠢，而且又不现实的，只会为公司以后的发展埋下诸多隐患。

因此，创始人在股权分配时，一定要保证股权的可调配性，按照个人的贡献，根据工作时间、投入现金和实物等估算每个合伙人的投入价值，合理分配股权。比如，有的合伙人提供资金，有的提供场地，有的提供技术能力，有的提供销售渠道，有的提供融资资源。每个人贡献的性质不同，似乎完全无法等价对比。其实，只要依据当时的市场情况，便可以以估值大小来确定每个人的贡献值，这样的方法会更加科学客观，至少能让大家更信服，让团队更团结。

原则二：确保核心创始人的控制权

公司创始人在寻找合伙人时，对方通常都会看公司创始人是否有足够的能力，是否有决策的魄力。如果创始人具备这样的魄力，合伙人才会被其感染，进而心悦诚服地选择加入，并跟随其创业。

此外，合伙人选择加入公司，是因为他们坚定地认为创始人制定的发展模式能够取得成功，并且有保持不同意见的权利和创始人为公司承担的责任。因此，作为核心创始人，在投资早期项目的时候一定要确保自己的核心控股权。

确保自己的核心控制权，必须要让所有合伙人参与分配和讨论，让他们发自内心地感受到合理、公平。只有在各方达成共识之后，大家才能在事后忘掉这个分配而集中精力做事。另外，创始人最好能开诚布公地谈论自己的想法和期望，只要能赢得其他合伙人的由衷认可，创始人的任何想法都是很容易被接受的。

好的股权分配方案如下：创始人占50%～60%，期权池占10%～20%，其他合伙人占20%～30%。

原则三：要充分利用"契约精神"

"契约精神"是股权分配中最核心的原则。对创业团队来讲，股权定下来之后，其利益分配机制自然也就定下来了。充分利用"契约精神"，可以使团队的每个合伙人在接下来的创业过程中，安定自己焦躁的心，认认真真地为团队创造更多的财富。

原则四：股份绑定，分期兑现

股份绑定就是指当某位合伙人在某个时间点停止为公司服务时，他就不应该继续享受其他合伙人接下来所创造的价值。股份绑定期限最好是4～5年，包括创始人在内的任何人都必须在公司工作至少1年，才可以持有公司的股份，然后再逐年兑现一定比例的股份。

绑定股份就是为了让公司合伙人明白一起战斗到底的意义。股份绑定还能有效地平衡合伙人之间出现的股份分配不公平的情况，把双方还没有投资的股份重新分配给那些贡献较多的人，这样双方都比较容易接受。因此，对于想要避免股权纠纷的创业者，应在最开始的时候就和他的合伙人商量好股权分配的方式。

3.2.3 选出核心股东，并实施股权激励

从本质上来讲，公司治理的目的就是解决公司产权和股东的关系。因此，创业团队中必须要有核心股东和灵魂人物。如果创业团队中没有一把手，谁都想坐头把交椅，那么公司必然会陷入混乱被动的局面，公司的发展更是无从谈起。

而在拥有核心股东的前提下，再采用股权激励的方式，便能够提升团队成员工作的积极性，进而促使创业团队平稳健康地运行。

在这里，我们用一则真实的案例，说明核心股东选择及股权激励的重要性。

上海市有一家合伙制的家具企业。创立伊始，该企业有三个股东，分别为A君、B君和C君，三个股东共同出资200万元。其中，A君和B君都占股40%，C君占股20%。A君和B君不参与公司事务的管理，由C君担任总经理。

三年后，C君把公司的产值做到了上千万元，渐渐地他就产生了不平衡的心理，认为A君、B君什么都没有管过，却占股最多，这太不公平。于是，他就去找A君、B君谈论这件事，希望能增加自己的股份，提高自己的收益。

而A君、B君在了解了C君的诉求后，也出现了分歧。A君做事比较公平，也知人善任，认为C君这三年来，劳苦功高。于是就和B君商量："C君确实不错，你我二人分别再卖给他5%的股份，你看如何？"

B君是一个控制欲强烈的人，他反对道："假如公司今年亏了上千万，C君就不会说让我们俩少亏一些，他自己多亏一些的话语。当初，他只是承担了20%的责任，就只能够得到20%的分红。当然，我也看到这些年他的业绩非凡，我们不如每个月多给C君1万元工资，年底再多给他20万元的奖金，这样也不失为一个好的方法。"

A君不能接受B君的主张，C君自然是更不同意。三方争执不下，最后C君怒气冲冲地离开了。

在合约到期时，C君终止了与A君、B君的协议，自己另起炉灶，凭借多年的资源积累、资金积累、客户积累，他独自创立了一家新的家具公司。结果，一年后，他就把公司的净资产值做到了1 000万元。

C君的离开使得A君、B君痛悔不已。B君更是悔不当初，他本以为C君走后，一切都还会照常运转，但没想到C君走后，有一部分员工，特别是一些优秀的、极具能力的设计人员和销售运营人员也跟着C君离开了。A君、B君的家具厂最终入不敷出，以破产告终。

以上案例充分说明：合伙企业首先要有一个核心的控权人物。如果A君能够控权，他就能够留下C君，就能为公司带来更多的财富，从而改变破产的结局。另外，合伙公司也要根据实况，实施股权激励的措施。如果他们满足了C君的合理需求，该公司的命运同样也会改变。因此，合伙创业公司必须要有核心股东，并设定合理的合伙规则。只有这样，才能保护公司的权益，才能激励合伙对象，从而促进公司的长远发展。

3.2.4 递交商业合作的投名状

2007年，一部名为《投名状》的电影曾风靡一时。电影中有一句经典的台词："纳投名状，结兄弟谊，死生相托；吉凶相救，福祸相依，患难相依；外人乱我兄弟者，视投名状，必杀之！兄弟乱我兄弟者，视投名状，必杀之！"这句台词点出了投名状的真实含义，要荣辱与共，祸福相依。

在商业竞争日趋激烈的今天，合伙创业团队也要递交一份商业合作的投名状。而这份投名状不仅是谨记于心，还需要通过书面形式，特别是条文的形式展现出来，这样对于那些背信弃义的合伙人，就能有一个比较合理的应对处理方式，保证创业团队不受太大影响，公司能够平稳运行、健康发展。

对于股东合伙人来讲，立投名状就需要合伙人各自拿出真金白银，证明自己入股创业的决心。合伙创业公司立投名状，还需要懂得投名状法则。

从整体来看，投名状法则下设 6 条具体的规则，如图 3-6 所示。（本节所展示的投名状规则只是一个宏观的框架，某些具体的规则会在其他章节中详细地展开）。

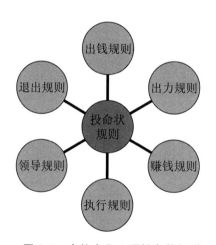

图 3-6　合伙企业 6 项投名状规则

出钱规则：合伙人出资越多，出资比重越高，其股权的占比也就越高，对公司的控制力也就越大。但是在发展阶段，尤其是融资阶段，一定要保证核心创始团队的话语控制权。

出力规则：创始人要根据合伙人各自的才能特长，使其分别担任不同的职务。如果合伙人擅长运营，则适合担任市场运营人员，在后期公司规模扩大时，他可以担任公司的 CMO，以保证公司正常的市场运营；

如果合伙人擅长研发设计，则可以致力于公司产品的研发及更新，后期则可以担任公司的CTO。

赚钱规则：创业团队要有一个明确的销售群体定位，然后锁定目标群体，生产研发受该群体欢迎的产品。蘑菇街女装精选团队从一开始就把目光聚焦在了都市年轻女性群体上。他们认准这类群体喜欢物美价廉、时尚可人的产品，所以在产品的销售上也走年轻时尚的路线，其产品也非常的吸引眼球，因此成了行业内的一匹黑马。

执行规则：创业团队要有一支执行力强的铁军。在创业初期，人员较少，公司需要全员皆兵。无论出资多少，创业团队成员都要站在产品运营销售的第一线，为后期发展积累经验。

领导规则：一般来说，由创始团队中出资比重最高的人来领导团队。同时，在公司发展壮大的过程中，创始人要按照民主讨论的方法，多听取有突出贡献成员的经验和意见，进行科学高效的精细化领导。

退出规则：对于合伙人在合作过程中因个人原因或其他原因而选择退出时，创始人一旦处理不当，轻则会使公司陷入困境，重则会让公司倒闭。合理的退出机制是合作的重要组成部分。创始人提前设置退出规则的目的是不把矛盾扩大化。

当一方选择退出时，其退出的时间，在公司投入与支出的比例，以及补偿办法，都要提前以明确的条文方式写到合同里。有了依据，双方便都能顺利的避免不必要的瓜葛，不会意气用事，以确保公司平稳运行。

3.3 如何评估合伙人

对合伙人的评估是一门大学问。创始人既要在合作前对合伙人的能力进行科学的预判、评估，又要在合作的过程中，科学客观地对合伙人做出最合理的评价。懂得评估合伙人的价值，创始人才能够成为合伙人心中的伯乐，从而充分发挥出合伙人的能力。

3.3.1 按画找人：清单式预评估法

评估合伙人的方法有两种：一种是合作前的清单式预评估法；另一种是合作过程中的客观评估，如图3-7所示。本节主要讲述清单式预评估法。

图3-7 评估合伙人的两种方法

清单式预评估法是一种"按画找人"的方法。团队创业人员要对联合创业伙伴的综合特征和能力有一个大致的设想，然后在具体的考察中，将潜在合伙人的特征与自己的预期做对比。通过客观评估法这种科学的评估方法，实事求是地对合伙人的工作作出评价，使他能够发挥自己的优势，避免自己的劣势，为创业团队的未来做出更多的贡献，发挥更大的价值。

清单式预评估法由来已久。古代官府的"海捕文书"便是清单式预评估法的来源。古时候，因平民百姓的识字率不高，所以，官府为了缉捕罪犯，都会请专门的画师来描摹罪犯的头像，贴在衙门外，以便让平民百姓根据画像为官府提供罪犯的下落。当时，海捕文书盛行的原因还有两点：一是环境封闭，凶手不好逃脱；二是官府实行保甲制和连坐制，百姓窝藏凶手会遭到株连。这些客观环境使得画像找人成为最有效的方法。

而这种方法可以变相地运用到我们寻找合伙人当中。首先，创业者需要在脑海中描绘出目标合伙人的"画像"。例如，目标合伙人的财务状况、技能状况、交往风格、行为处事的方法、团队合作能力的高低等。

其次，创业者要根据其描摹出的合伙人"画像"，制定出严格的合伙人标准。正如亚马逊的创始人杰夫·贝佐斯所讲："制定人才聘用高标准，现在是、将来也是公司成功最关键的要素。"

最后，创业者还要对潜在合伙人的综合特征进行动态考察。我们现在面临着多变的环境，许多合伙人的特征不能够细致地把握，需要对其未来发展概况进行科学的预测。这就类似于对一个运动员的评估，不仅要参考他过去的成绩，还要参考他近期的比赛成绩，再进行综合判断，对其未来发展有一个合理的预估。

"1314答案奶茶"的创始人杨燕钊就非常懂得评估合伙人。他非常善于发现自己最佳的合伙人，并给他们提出相应的优惠措施，让他们加盟"1314答案奶茶"，成为"1314"的重要合伙人。

例如，当他认为一个合伙人符合他的标准后，他就能让合伙人享受到开店前、开店中及开店后的各种帮扶活动。在开店前，合伙人能够得到实地考察、产品分析、物料及装修设计等方面的支持；在开店过程中，合伙人能够得到人员招聘、营销定制以及物流配送等多项支持；在开店后期，合伙人还能够得到巡店督查、品质监控及持续培训等方面的帮扶。

按照清单式的方法，锁定目标合伙人，并作出正确的评估后，杨燕钊坚信自己的选择，给出最实惠的合伙方案。正是这样的胆识和策略，使得"1314"奶茶脱离山寨的困扰，成为全新的奶茶IP爆款。

由此可知，这种在大脑中描绘目标合伙人的方法，能够帮助创业团队在茫茫人海中找到最为优秀的创业合伙人，并使其在后期发展的过程中少走很多弯路。

3.3.2 避免评价的主观偏见

对合伙人进行评价时，要避免主观偏见，这就要求我们要按照客观原则进行评判。客观评判是一种科学的评估方法，其主要目的是实事求是地对合伙人的工作作出评价，使其能够发挥自己的优势，避免自己的缺陷，从而为创业团队的未来做出更多的贡献，发挥更大的价值。

在这里，我们为大家列举出合伙人常见的三种带有主观偏见性质的评价形式，如图3-8所示。

图3-8 主观偏见型评估方式的3种表现形式

表现形式1：晕轮偏见

顾名思义，这是一种因晕轮效应而导致的一种主观评估偏见。例如，某个家居行业的创业者甲求才若渴，当他看到某个意向合伙人乙在运营方面有不错的表现时，就会认为其在各个方面的表现都不错。于是，就对乙委以重任，让乙做公司内部的管理者。殊不知，乙只是擅长产品的运营，以及客户关系的维护，而并不擅长公司内部员工的管理。在管理时，他总以为自己的决定都是正确的，又不太会调节内部员工的关系，因此导致内部员工的流失率较大，影响了创业团队的发展。

因此，在评估合伙人的能力时，要避免晕轮效应，应该根据他的能力，给他安排相应的职位。再根据他的表现，给予适合的股份激励。这样才能够让合伙人的价值发挥到极致。

表现形式2：对比偏见

当创业者在寻求合伙人时，要学会避免"对比型偏见"。创业者在创建团队时，总免不了对比，这是情理之中的，但要掌握科学的对比原则，不能一味地做横向对比，还要学会做纵向对比。

有些创业者盲目运用"数一数二"的原则，积极挑选数一数二的人才，总是希望自己合伙人的能力，能够超过同行业某个顶尖合伙人的能力。这种横向对比是一种很愚蠢的对比，因为初创公司的业务、财力水平有限，只能够根据目前的发展状况，挑选最适合自己的人才。

表现形式3：同类人偏见

"物以类聚，人以群分"。许多时候，当创业者在寻求合伙人时，总是会选择与自己能力相近和性格相似的人，而且总是对这类人有着过高的评价。相反，对那些与自己不同的人，特别是观点不同的人，则在心理上存在"隔阂"，在选择时，也往往会自动过滤掉这一类人。然而有些人与创业者性格迥异，并不等于其能力不强，成功的创业团队往往也是包容的团队，创业者不应该以个人好恶来选择合伙人。

当创业者在寻求合伙人时，要努力克服以上三种主观偏见，要用客观的方法，对合伙人做出综合考量，主要考核合伙人的能力。同时，要有虚怀若谷的胸襟，主动寻找有异于自己的高质量合伙人。

第4章

合伙企业注册登记流程

对合伙创业人员来讲，注册公司需要掌握一些核心要点。例如，合伙企业注册的基本流程、需要准备的文件和合同、注册的基本费用构成、注册资金的额度、创业公司的取名等；另外，在办公地点的选择方面，要特别重视办公的四大因素，要注意避免陷入租赁合同陷阱；同时，还要明确商标注册的流程、条件及相关的文件。

总之，在合伙注册公司之前，要做好充分的准备，只有这样，合伙公司的创办才能够少走弯路，从而实现顺风顺水地发展。

4.1 合伙企业注册的基本流程

合伙创业要掌握企业注册的流程。在注册前把注册流程和相关材料搞清楚,这样才能够起到事半功倍的效果。

从整体来看,注册要经过申请、受理、审查和最终批准这些环节。在这些环节中,合伙人要派代表向企业登记机关申请设立登记,要递交齐全的申请材料,进行当场登记,从而获得合伙企业营业执照。

具体来看,合伙企业在注册公司时,要经历以下9个流程,如图4-1所示。

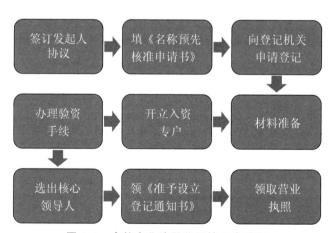

图 4-1 合伙企业注册公司的 9 个流程

流程1:签订发起人协议

签订发起人协议,明确各成员在公司设立过程中的权利和义务。

流程 2：填《名称预先核准申请书》

领取并填写《名称预先核准申请书》，同时准备相关材料。预先核准的公司名称保留期为 6 个月，该名称在保留期内不得用于从事经营活动或转让。

流程 3：向登记机关申请登记

领取《公司名称预先核准通知书》，同时领取《公司设立登记申请书》等有关表格。在经营范围许可内，办理相关审批手续。

流程 4：准备材料

准备材料中会涉及股权设置的相关内容，要经过财政主管部门的细致审批。

流程 5：开立入资专户

凭《公司名称预先核准通知书》到经工商局确认的入资银行开立入资专户。

流程 6：办理验资手续

办理入资手续并到法定验资机构办理验资手续，如果是以非货币方式出资的，还应办理资产评估手续及财产转移手续。

流程 7：选出核心领导人

办理验资手续后，创业团队要进行选举，选出合伙企业的核心领导人，再由核心领导人向工商局报送公司章程、验资证明以及法律法规规定的其他文件。

流程 8：领取《准予设立登记通知书》

递交申请材料。如材料齐全，符合法定形式，则等候领取《准予设立登记通知书》。

流程 9：领取营业执照

按照《准予设立登记通知书》规定的日期到工商局交费并领取营业执照。

4.1.1 需要准备的相关文件和合同

合伙企业在注册的过程中,要提前准备好相关的材料,做到有备无患,更加顺利地完成企业的注册。下面我们为大家详细地罗列一下注册企业必备的文件。

文件1:《企业(字号)名称预先核准通知书》。

文件2: 全体合伙人共同签署的《合伙企业设立登记申请书》,包括《企业设立登记申请表》《企业经营场所证明》《投资者名录》等相关文件。

文件3:所有合伙人的主体资格证明或者自然人身份的相关证明。

文件4:所有合伙人共同指定的代表或者一起委托的代理人的相关委托书。

文件5:所有合伙人共同签署的合伙协议。

文件6:所有合伙人共同签署的对各自认缴或者实际认缴金额的确认书。

文件7:合伙企业的主要经营场所及相关证明。

文件8:所有合伙人共同签署的委托执行事务合伙人的委托书;如果执行事务合伙人是法人身份或者隶属于其他组织,则要提交委派代表的委托书以及明确的身份证明文件。

文件9:如果合伙人中有以实物、土地使用权、知识产权、技术要素入股或者按照其他方式入股的成员,经所有合伙人协商作价后,要提交所有合伙人共同签署的协商作价确认书。

文件10:所有合伙人共同签署的协商作价确认书,要提交给相关的法定评估机构,并给出评估作价证明文件。

文件11:法律法规规定的特殊普通合伙企业,必须提交合伙人的职业资格证明材料,以及其他相关材料。

文件12:合伙公司的股东资格证明文件。

文件13:合伙公司的具体章程文件。递交这类文件的打印件时要一式两份，必须经过多个股东的亲笔签字。同时，股东中有法人身份的公司，必须加盖法人单位的公章，还要以法定代表人身份签字。

文件 14：提前准备好国家工商行政管理总局规定的其他需要提交的文件。

文件 15：除上述文件外，还要提交股东名录、经理监事名录以及核心成员名录各一份。

准备好以上 15 种材料，在注册登记的过程中，创业者才不至于焦头烂额，其公司注册才会有条不紊，顺风顺水。

4.1.2 注册的基本费用构成

合伙企业在注册公司之前，除了要了解公司的基本注册流程，还要详细地了解合伙公司注册时需要的具体费用，以及费用的具体构成状况。总的来说，合伙企业的基本费用由 6 部分构成，如图 4-2 所示。

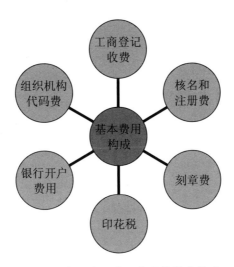

图 4-2 合伙企业注册费用的基本构成

费用 1：工商登记收费

工商登记收费是按注册资本的 0.8‰收取。其中，注册资金超过 1 000 万元的，超过部分按 0.4‰ 收取；注册资金超过 1 亿元的，超过部分不再收取。此外，分公司设立时的登记收取费用为 300 元。

费用 2：组织机构代码费

组织机构代码费为 68～148 元不等。城市不同，组织机构代码费的标准也不同。例如，在北京，组织机构代码费为 120 元。

费用 3：公司的核名和注册费

一般来说，工商局核名费为 30 元或 50 元，注册费须按注册资金的 0.8‰ 计算。不过，城市不同，或城区不同，核名和注册费也要根据地方政府所制定的具体政策而定。例如，在北京，核名费和注册费都是 0 元。

费用 4：印花税

印花税包括房屋租赁印花税和注册资金印花税，其中，房屋租赁印花税按照所租用注册地年租金的 1‰ 收取；注册资金印花税按注册资金的 0.5‰ 收取。

费用 5：银行开户费用

合伙公司在银行开临时户的基本费用是 200～800 元，公司可以根据自己的条件，进行自主选择。

费用 6：刻章费

合伙公司需要公章、法人章及财务章，刻这一套章大概需要花费 500 元。另外，合伙公司的注册城市不同，其刻章费也会略有差异。例如，在北京，合伙公司的刻章费用是 300 元。

4.1.3 如何选择注册资金额度

合伙创业团队在注册公司时，必然要了解注册资金的额度问题。新《公司法》修订后，合伙企业在注册公司时就不存在额度限制。国家调整合伙企业注册资本的额度，是为了促进全民创业，降低设立公司的门槛，减轻合伙人的资金负担，促使公司的快速注册及进一步发展。这一调整同时也能够进一步完善公司注册资本登记制度的改革。

新《公司法》修订后，合伙人可以拿1元钱注册公司，也可以拿1亿元注册公司。当看到这样的调整后，许多合伙人就进入了误区，把注册资金额度当作儿戏。

例如，2014年年初，在湖北汉中市，有一个人申请了一个"1元公司"。"1元公司"实质上是指公司的注册资本是1元。这成为当年的一件"奇葩"事件，一度成为热点新闻。另外，有些合伙人为了证明其财大气粗，家财万贯，为显示其"土豪"的能力，完全不考虑公司的运营能力，直接将其全部资产作为注册资金，这会导致注册资金额度的虚高。例如，有一位富豪在铜川耀州区工商局登记时，他的注册资金竟然高达170亿元。

从理论上来讲，1元和170亿元确实都能够注册公司，但这样的做法虽说合法却极不合理，甚至是一种哗众取宠的愚蠢行为。

注册额度为1元的公司，其创始人在公司的具体运营层面，会寸步难行。同时，公司的潜在客户或合作伙伴也会非常关注公司的注册额度，并根据注册额度来判断公司的实力。注册额度过低，会让潜在合作对象对公司的资质产生质疑，从而不愿与公司达成合作。此外，许多应聘人员在向公司投简历前，也都会上网查看公司的注册额度信息，如果注册额度过低，一些优秀的应聘者自然也会另谋高就。

此外，注册"1元公司"的创业者，完全混淆了注册资金和税收的关系。他们可能认为公司注册资金越高，其缴纳的税也会越高，注册资金越低，其缴纳的税也会越低。其实，公司的注册资金和税收高低无关。税收主要是看公司的各种报表，如营业额表、利润报表等。公司的利润越高，其税收才会越高。

当时，这个"1元公司"的创业者不听相关人员的好意劝告，一意孤行。最终，其在经营过程中确实发现，设立注册资金为1元的公司毫无意义，只能说是一种哗众取宠的行为，成为了大家饭后的谈资和笑料。因此，为了公司的快速发展，他又主动增加了注册资本。

与之相反，设立"170亿元"注册资金的公司也是一种很不理性的行为。如果创业者只是为了"吹牛"，为了炫富，那么他无疑是自讨苦吃。因为在上缴注册资金时，其不仅要承担相应的责任，还要承担相应的风险。

根据《印花税暂行条例》规定："公司注册登记后，办理税务登记手续时还要缴纳注册资本（金）万分之五的印花税。"如果合伙团队的注册资本额度为170亿元，那么仅仅印花税，其就要缴纳几百万元。另外，如果公司一旦进入破产偿债程序，则要以170亿元为限清偿债务，国家工商部门也将对公示内容和实际情况进行核查。如在审核过程中发现其实际资产与注册资金不一致，那么该合伙团队还要承担相应的法律责任。所以说，这是一种"炫富"不讨好的行为。

合伙人在合伙创业时，要深刻理解注册资金的内涵。其实，公司的注册资金不是越多越好，也不是越少越好，而是要求创业者根据公司的实力、规模以及未来的发展状况进行酌情选择。

4.1.4 怎么为企业取名

合伙创业团队还要为公司取一个好的名字。好的名字既要能够突出公司的产品定位，又要能够针对核心用户，还要能够朗朗上口，容易被用户熟记于心。

公司的名称一般由三部分构成，如图4-3所示。

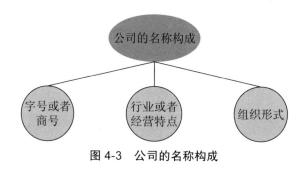

图4-3 公司的名称构成

由图4-3可知，公司的名称一般由"字号或者商号""行业或者经营特点"及"组织形式"三部分组成。

例如，北京小桔科技有限责任公司的名称是由"北京小桔"+"科技"+"有限责任公司"三部分构成。公司在取名时要优先考虑字号或商号前缀，且字数不宜过多。优秀的公司名称就是一个优质的定位，它能够成功地激起客户的兴趣，使公司的产品快速赢得人心，最终促使产品销量的快速增长与公司的盈利。

例如，当提到"三只松鼠"时，人们就会联想到松鼠爱吃坚果，自然就会觉得"三只松鼠"的坚果品质更有保证。另外"三只松鼠"的名字也非常有趣，更易让人们接受；当提到"立白"时，人们就能立即联想到立白的天然皂液；当提到"格力"时，人们的第一印象就是"好空调，格力造"的广告语。

当然，创业者在为公司取一个好的名字时，也要遵循科学的取名原则。这里我们为大家列出6种原则，供大家参考。

原则1：公司的名字应具有强化标志性和识别功能，要避免雷同，增加独特性。

原则2：公司名字应与其品牌、商标有很强的统一性。

原则3：注重天时，起名时应致力于开发公司名称的时代内涵。

原则4：注重地利，起名时应致力于拓展公司名称的历史潜能。

原则5：注重人和，起名时应致力于挖掘公司名称的文化底蕴。

原则6：公司名称要凸显"个性"，而不能没有特征。

创业者在掌握公司起名的基本构成以及起名的原则后，还要充分结合公司产品的定位，最终确定公司的名称。

创业者要为公司取一个响亮的名字，通过名字赢得客户的青睐，让它成为产品的最佳"代言人"。

4.2 选择办公的地点

对于创业团队来讲,办公地点的选择不容有失。在进行办公地址选择时,我们要充分利用定位原理,考虑办公地址选择的四大要素,还要学会有效地规避在租赁选择时可能会遇到的种种陷阱。只有在综合考虑过这些因素后,创业团队才会对地址的选择不再迷茫。

4.2.1 办公地址的定位

创业团队选择一个好的办公环境,对公司的发展起着至关重要的作用。公司地址不仅代表着公司的形象,还代表着公司的实力。其定位的好坏有时也能直接影响员工的去留,影响公司的整体发展。

浙江省义乌市有一个多人联合创建的服装设计公司。该公司的团队成员都很年轻,具有创新精神,也都对招收同样具有创新精神的服装设计师有着很高的期待。

他们从网上看到了一位毕业于浙江某高校服装设计专业的服装设计师的求职简历,感到非常满意,便主动对其发出了面试邀请。

这名求职者也应邀前来面试,但是,当他来到这家公司的办公地后,观察了环境,发现其与自己想象的完全不同,心理落差很大,甚至有种受骗的感觉。

在这位求职者印象中,服装设计师的工作环境应该是非常好的,最起码,其办公环境应当很安静舒适,这样才能够激发设计师的灵感。可这里却是按照一种"前店后厂"模式布置的,环境十分嘈杂,一些服装制作人员甚至还在办公室中做衣服,令他难以接受。

最后,这位求职者失落地离开了。

这个案例告诉我们，创业团队办公地址的选择一定要与自己的定位相一致。在早期虽然公司可能会存在资金方面的困难，但是其可以通过合适的融资手段，为自己争取好的条件，通过选择优雅的办公场景，招纳更优秀的人才，扩大自己的人才队伍，促进公司的高效运转。

然而现实中很多创业公司却为了省钱而选择偏远的地方，其周边的基础设施往往会很差。在这种环境中，即使有极具创造力的员工留在公司，也会消极怠工。一旦形成了一种恶性循环后，公司的发展就会越来越差。

总的来说，创业团队要选择人才聚集、交通方便的地方，因为只有在这样的地方，公司才能招募到更多优秀的人才。

如果公司在一线城市，其办公地址最宜设在地铁站附近，或者位于高端写字楼中，这样公司的周边环境和内部的办公环境都会很好，其员工工作的积极性也会高涨，最终将使公司的活跃度和创新性得到大幅度的提升。

4.2.2 选址要考虑的四大因素：价格、布局、设施、环境

创业团队在选择办公地址时，为了节省时间，把握重点，就要通过关键性指标，进一步减少办公地址的搜索数量，提高办公地址的搜索质量，并对搜索结果进行优化筛选，最终把地点选在一个可控的范围之内。

整体来看，在选择办公地址时，要重点考虑以下四个因素，如图4-4所示。

图 4-4　办公地址选择的四大要素

要素一：办公地址的租金及相关费用

在选择办公地址前，创业者要先明确该办公场所所需的租金和其他

相关费用，其他相关费用主要包括停车费、公共事业费、清洁费、拆迁费、承租人改善费、保险费用、家具费及其他费用等。

要素二：办公地址内部的布局要合理

办公场所内的布局也是很重要的。创业者要确保自己有独立的办公室，而且员工的办公位置也要足够宽敞方便。另外，如果公司需要经常接待客户，那么创业者还需要划出一块较为僻静的区域作为接待室，以便与客户接洽、交谈。

要素三：办公地址的周围设施

在选择办公场所时，周围设施也是必须要考量的因素，创业者要了解周边有没有休息室、会议室、食堂；附近交通是否便利；周围道路是否安全；网络信号强不强；电源插座是否足够以及停车状况等。

要素四：办公环境要幽雅

好的办公环境不仅能吸引应聘者加入公司，而且还能在一定程度上提高员工的办公效率。例如，办公地址的楼前车流不宜太杂，因为如果楼前的车道很多，就会很容易分散员工的注意力，让他们感到疲劳，他们的工作效率自然就会降低。而建筑物前如果有空地，就能使员工的视野更加开阔，精神更加饱满，而且若楼外的建筑是对称的，则有利于稳定员工情绪，促进良好沟通，增进彼此的团结合作，从而有利于公司日后的发展。

以上四个因素是创业团队在选择办公地址时必须要优先考虑的。因为只有这样，才能够占据地利，使员工在幽雅的环境中愉悦地工作，进而保证公司的人和，最终使公司持续壮大。

4.2.3 规避租赁的陷阱

合伙创业团队在选择好合适的办公地址后，在签订租赁合同时，还要注意避免租赁的陷阱。如今，许多创业团队由于没有经验，在租办公室的时候都会遇到租赁陷阱,因此,事先了解最合理的租赁方式、避免租赁陷阱非常重要。科学的租赁方式有以下四种,如图4-5所示。

图4-5　租赁方式

图4-5的四种租赁方式各有优缺点及与之相适应的情况。合伙创业团队应该根据自己的需求,进行合理的选择。

(1)合租。如果创业团队并不确定自己公司的租赁期限,那么最好选择合租办公场所作为替代方案。例如,与其他公司联合办公,加盟相关的公司孵化器,接受其他公司转租的办公场所等。这样的租赁方式比直接租赁要更加灵活,租赁期限也可以更短。

但是如果要选择合租,创业团队则会遇到很多问题,比如,办公场地要求、租户改善及相关成本、选择标准、租赁时长以及可能涉及的法律责任等。因此,在最终决定租用之前,创业团队必须要进一步核算租赁费用,权衡好利弊,最终做出最适宜的决定。

(2)转租。当然,创业团队也可以选择转租的方式。因为创业初期会有很多不确定因素,所以,鉴于自己的创业进度和灵活性,转租未尝不是一个好办法。

创业团队可以找一个低于市场价格的转租办公场所,作为自己的办公地点。但是此种方法也有弊端。比如,创业团队很可能会受到很多限制,无法对办公场所进行大刀阔斧的装修改造。如果创业团队是转租方,而承租方在未来一到五年时间内所发生财务问题,则可能会使创业团队承担相关的损失。

（3）直租。直租的方式则会受到房东的很多限制。例如，房东对租赁期限一般会有要求，而且租赁期限越长，租赁条件对团队的限制也就越多，而创业团队能够改变的也就越少。

（4）联合办公。联合办公其实是合租的一种形式，也是为了降低办公室的租赁成本，而选择与其他公司共享办公空间。大家在特别设计和安排的办公空间中共享办公环境，彼此独立完成各自的项目，互不干涉。而一个初创团队往往会有很多不确定因素，这些因素可能会使公司的办公地点发生变化。比如，当创业团队与房主签了3年的租赁合同之后，结果第一年就发现该场地无法满足公司的需求，或者由于其他原因，想换一个办公地址等，这样创业团队就不得不承担违约所造成的损失。

因此，一个创业团队要想做到防患于未然，就必须在租赁办公地时做多方面的考虑，和房东谈一个更加灵活的租赁期限，从而有利于自身的发展。

4.3 注册商标

商标的注册也是一件大事，它涉及公司的知识产权、相关利益及公司的名誉。若商标问题处理得恰到好处，会为公司避免许多不必要的纠纷，同时也能够更好地保护公司的相关利益。因此，在注册商标时，创业团队要洞悉商标注册的流程及商标注册的条件和相关文件。

4.3.1 注册商标的流程

合伙创业团队在注册商标时，必须要遵循注册的方法，按照科学的注册流程办事。科学的商标注册流程如图4-6所示。

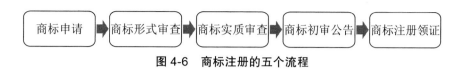

图 4-6　商标注册的五个流程

由图 4-6 可知，商标注册必须经过商标申请、商标形式审查、商标实质审查、商标初审公告及商标注册领证五个流程。每一个流程中都有需要注意的事项，具体内容如下。

流程 1：商标申请

合伙创业团队的负责人应先把准备好的申请文件报送到商标局，在提出申请后 3～5 个工作日内，就能收到商标申请的受理回函，并能在受理回函上找到该申请专有的受理申请号。商标局审查是按受理申请号的排号顺序进行的，在任何情况下都不会提前受理。

流程 2：商标形式审查

商标局在收到申请文件之日起 3～4 个月后，会发放纸质《受理通知书》。创业团队若收到纸质《受理通知书》，即证明其申请文件已通过了商标局的形式审查，接下来就进入实质审查阶段。

流程 3：商标实质审查

商标的实质审查期一般在当合伙创业团队收到《受理通知书》后的 6～8 个月内。

流程 4：商标初审公告

申请文件通过实质审查后，商标局会发布初步审定公告，公告期为三个月。如初步审定公告期满，无人提出异议，商标局就会发放注册公告。

商标局发放注册公告，就证明创业团队所申请的商标已被核准，也就是说商标申请人取得了商标的专用权，如果有其他机构为了获取非法利益而冒用该公司的商标，那么，创业团队就能够对其诉诸法律，以此来维护自己的名誉与利益。

流程5：商标注册领证

在商标局自发布注册公告之日起1～2个月后，创始团队就能够获取商标注册证。

从整体来看，商标的注册流程的5个部分大致要耗费13个月，即4个月的受理通知期，6个月的实质审查期以及3个月的公示期。经过这漫长的等待，团队才能够最终拥有属于自己的注册商标。

4.3.2 商标注册的条件和文件

所谓商标注册，是指商标所有人为了取得商标专用权，将其使用的商标，依照国家规定的注册条件、原则和程序，向商标局提出注册申请，然后经过商标局的审核，准予注册的法律事实。

当然，商标并非随随便便就能注册，而是要满足适当的条件。根据我国《商标法》规定，商标注册申请人必须是依法成立的公司单位、事业单位、社会团体、个体工商业者、个人合伙及与中国签订协议、与中国共同参加国际条约、按对等原则办理的外国人或者外国公司。只有符合上述申请条件的个人或者团体，才可以向国家工商行政管理局商标局提出商标注册申请。

具体来看，商标注册的条件由两部分构成，分别是商标注册申请人的条件和商标构成的条件。

商标注册申请人可以是自然人，也可以是法人。只要认为其生产制造及经销的商品需要商标保护，就能够向商标局申请商标注册，获得商标专用权。其中合伙团队能够向商标局申请注册同一商标，共同享有该商标的专用权。

商标的构成条件也由两部分构成，分别是商标的必备条件和商标的禁止条件，如图4-7所示。

图 4-7 商标的构成条件

其中商标的必备条件包含两方面的内容。

一方面,商标要必备法定的构成要素。但凡是商标都具备可视性的标志,如商标的文字、商标的logo及商标的颜色等。另外,国家在2014年5月1日起正式实施《全国人民代表大会常务委员会关于修改〈中华人民共和国商标法〉的决定》。在这一新的《商标法》修正案中,声音可以作为新的商标要素被注册使用。

另一方面,商标要具备显著的特征。企业可以设计立意新颖、形式独特的商标,增加人们对企业的形象认知。例如,三只松鼠的商标是三只呆萌可爱的小松鼠;New Balance的商标是两个单词首字母的变形简写;京东商城的商标是一只白色简笔画风格的小狗。这些鲜明的商标能够让用户过目不忘,并快速记住他们的产品,增强广告效应,从而促进公司的长远发展。

商标的禁止条件又被称为商标的消极要件,是指商标在注册时不能出现的情形。相应地,商标的禁止条件也主要由以下两方面构成。

一方面,注册商标不得侵犯他人的权利和合法利益。例如,不得在相同或类似商品上与已经注册或正在申请中的商标相同或近似;复制、翻译他人商标的,不予注册并禁止使用;容易误导公众的商标,不予注册并禁止使用;未经授权,冒用其他知名商标的,要受到法律制裁;不能用不正当手段抢先注册他人设计的商标;不得侵犯已有商标的肖像权、商号权以及特殊标志专用权;不能冒用奥林匹克标志专有权。

另一方面,注册商标时不得违反商标法中存在的条款。商标法中有两条明确的"商标禁止条件"条文规定。

条文一:"禁止作为商标注册或使用的标志:同中华人民共和国国家名称、国旗、国徽、军旗、勋章相同或者近似的,以及同中央国家机关所在地特定地点的名称或标志性建筑物的名称、图形相同的;同外国的国家名称、国旗、国徽、军旗相同或者近似的,但该国政府同意的除外;同政府间国际组织的旗帜、徽记、名称相同或者近似的,但经该组织同意或者不易误导公众的除外;与表明实施控制、予以保证的官方标志、检验印记相同或者近似的,但经授权的除外;同'红十字''红新月'的标志、名称相同或者近似的;带有民族歧视性的;夸大宣传并带有欺骗性的;有害于社会主义道德风尚或者有其他不良影响的;县级以上行政区划名称或者公众知晓的地名,但该地名具有其他含义或者作为集体商标、证明商标组成部分的除外,已经注册的使用地名的商标继续有效;商标中有商品的地理标志,而该商品并非来源于该标志所标示的地区。"

条文二:"禁止作为商标注册但可以作为未注册商标或其他标志使用的标志:(1)仅有商品的通用名称、图形、型号的;仅仅直接表示商品的质量、主要原料、功能、用途、重量、数量及其他特点的;缺乏显著特征的。前述所列标志经过使用取得显著特征,并便于识别的,可以作为商标注册。(2)以三维标志申请注册商标的,仅由商品自身的性质产生的形状、为获得技术效果而需有的商品形状或者使商品具有实质性价值的形状,不得注册。"

合伙人在了解了商标注册的条件后,还要了解在商标注册时,必须要准备的文件。具体来看,商标注册前应准备的文件有3种,如图4-8所示。

图4-8 商标注册前需要准备的文件

由图 4-8 可知，合伙创业团队在进行商标注册时，需要准备申请书、委托书和清晰的商标图样这三种文件。在申请时，申请人还需要准备身份证复印件和个体工商户营业执照复印件，如果是以法人名义进行申请，申请人还需要准备营业执照副本复印件。

创业团队只有懂得商标注册的条件，提前准备好相应的文件，其商标注册才能够少走弯路。

第5章

合伙协议：签署有法律效力的权责合同

依照《中华人民共和国合伙企业法》，合伙创业团队为了避免经济纠纷，在成立时，必须订立合伙协议、合伙章程或者签署有法律效力的权责合同，这一权责合同对所有合伙人都具有法律效力。本章我们就带大家了解一下合伙协议的具体内容，以及在签署权责合同时应该注意的具体事项。

5.1 合伙协议应包含的具体内容

合伙开公司必须要有完备的合伙协议。而完备的合伙协议不仅能够明确合伙人各自的权责,还能够作为团队成员利益冲突的有效解决方案。

合伙协议的内容多元复杂,但一般来讲,合伙协议应包含以下具体内容:合伙企业的名称及所在地;合伙人姓名及其家庭地址;合伙企业的经营及设定的存续期限;合伙人的权利和义务;合伙人的投资形式及其计价方法;合伙人的入伙和退伙的相关规定;合伙人损益分配的原则和比率;每个合伙人可以抽回的资本;企业需要付给合伙人贷款的利息及工资;合伙人死亡的处理及继承人权益的确定;合伙企业结账日和利润分配日;合伙企业终止及合伙财产的分配方法等。

5.1.1 基本信息:名字、地址、日期等

合伙企业在签订合伙协议时,首先要把公司的基本信息表述完整。例如,合伙企业的名字信息、地址信息及建立时间等。

为了可以更好地说明,在这里我们以两人合伙企业的合伙协议为例,两人股份分配协议书的基础模板如下所述。

两人股份分配协议书(基础模板)

甲方:_____ 身份证号:_____

乙方:_____ 身份证号:_____

经友好协商,甲、乙双方在公平、平等、自愿的基础上,根据《合同法》《公司法》等法律法规的有关规定,就共同投资经营餐饮行业并最终成立管理公司等事项达成如下协议:

第一条 投资地点位于_____,经营面积_____平方米,预计投资人民币_____万元,具体投资额以最终结算的投资额为准。

第二条 甲方出资人民币_____万元,占出资总额的_____%;乙方出资人民币_____万元,占出资总额的_____%,总投资超过预计_____万元的,甲、乙双方按出资比例追加出资。

第三条 甲乙双方应按项目进度、出资比例履行出资义务,双方的出资应在____年____月____日或公司正式开业前支付全部出资。

一方的出资应经另一方确认,资金将由甲方管理并存入指定的银行账户,出资后任何一方均不得抽回投资。

第四条 甲方向公司所租房屋产权所有人支付的房屋租金和保证金,计入双方的共同投资。在该房屋物业租赁、转让合同期限内,甲乙双方共同拥有该房屋产权的使用权和经营权。

甲方应保障该承受或承租物业的正常持续经营使用,乙方给予配合协助。

第五条 经甲、乙双方一致同意,指定甲方为共同投资事务总执行人,管理执行公司日常事务,对外全权与第三方签订买卖合同、聘用合同等。

甲方履行投资事务执行人职责的行为,对甲、乙双方具有法律效力,所获得的收益和承担的债务,由双方共同享有和承担。

第六条 甲方对外签订合同、费用的支出,应例行诚实守信、勤俭节约，以维护双方的共同利益为原则和宗旨。

甲方或委托代表在履行职责时，因故意、有明显过错或重大过失造成损失的，应当承担相应的赔偿责任。

第七条　自签订本协议时，甲方全权负责公司的资金管理，所有费用支付需经甲方或甲方委托的代表签字后，经指定人员处支出。

第八条　确定每（月、星期、半月）或甲、乙双方认为必要时召开会议，在会议上甲方有义务向乙方报告公司经营状况和财务状况，乙方有权对甲方执行事务的行为提出异议。

第九条　甲方在履行职责时，享有相应的劳动报酬，其中甲方为____元/月，劳动报酬列入投资成本费用。

第十条　在正式运营时，成立由甲、乙双方为股东的有限责任公司，由甲方进行经营管理，所成立公司双方各占股份比例经协商一致外不得更改出资比例，注册资金与实际资产价值或总投资金额不一致的，以双方实际投资金额或实际资产价值为准。

第十一条　甲、乙双方按本协议比例分享共同投资利润，分担共同投资的亏损。

甲、乙双方的共同出资、形成的财产及利润为双方共同财产，任何一方不得擅自处置，未经出资双方一致同意不得抵押或质押。

第十二条　一方向甲、乙双方以外的人转让其投资中的全部或部分投资须经另一方同意，在同等条件下，另一方有优先受让的权利。

第十三条　经营利润在弥补亏损、提取法定公积金及任意公积金后，剩余利润按投资比例进行分配，利润每年分配一次。

第十四条　在经营过程中出现亏损的，双方有义务按出资比例追加出资；经双方协商同意，也可吸收其他投资人注入资金。

因亏损而追加投资、引进投资人不能实现的，经协商一致按《公司法》规定进入破产清算程序或折价转让。

第十五条　甲、乙双方应遵守本协议，不得擅自违约，否则应向守约方承担违约责任。

任何一方若不按期出资，则应承担延期出资所产生的一切法律后果，同时向守约方承担_____元/日的经营损失。

任一方出资延期超过2个月致使无法经营，或任何一方明确表示不再出资或以自己的行为表明不再出资的，违约方除承担所有经济损失责任外，还应向守约方支付按预计投资额_____万元20%的违约金。

第十六条　甲、乙双方在履行本协议时若发生争议，应当本着精诚合作的原则协商解决，协商不成的应交由公司所在地法院管辖。

第十七条　甲、乙双方的合法身份证复印件作为本协议的附件，以证明双方的合法身份。

第十八条　本协议未尽事宜经双方协商一致，可签订补充协议。

第十九条　本协议经双方签字后即生效。协议一式两份，甲、乙双方各执一份，均具有同等法律效力。

甲方（签字）：　　　　_____年_____月_____日
乙方（签字）：　　　　_____年_____月_____日

参照这一基础协议模板，创业团队就能高效地做出一份符合自己实际情况的合伙协议。如果创业团队的合伙人不止两个，也可以在合伙协议上增添合伙人的基本信息。

5.1.2 合伙人的权利和义务

在列出合伙人的基本信息后，我们在合伙协议中，还要明确标出团队成员共同享有的权利及要共同遵守的义务。具体来看，合伙人有两项共有的权利和两项共有的义务。

两项共有的权利是指合伙人拥有共有财产权和合伙经营权。

共有财产权是指合伙财产非合伙人中的某个个人所有，而是由全体合伙人共有，另外，在合伙企业发展存续阶段，合伙财产仍然属于全体合伙人共有。

基于这一共识，我国在《合伙企业法》中明文规定："合伙企业存续期间，合伙企业的财产来自两个方面：一是合伙人的出资；二是所有以合伙企业名义取得的收益。合伙企业财产由全体合伙人共同管理和使用。在合伙企业进行清算前，合伙人不得请求分割合伙企业的财产。"

合伙经营权是合伙企业共同经营的另一项重要权利。具体来看，合伙经营权包括以下四个方面的权利，如图5-1所示。

一	重大事务决定权
二	合伙事务执行权
三	合伙事务监督检查权
四	利润分配请求权

图 5-1　合伙经营权下设的四项基本权利

权利1：重大事务决定权

创业团队的全体合伙人应该有一个共识，对于公司的日常事务，创业团队可以将其交给业务执行人自主决定，而在处理重大事务时，创业团队必须经全体合伙人共同商定，才能做出决定。例如，根据《合伙企业法》的规定，在处理合伙企业的不动产、改变合伙企业的名称等重大事项上，公司的全体合伙人必须共同参与。

合伙人对重大事项做出决议，要采用一人一票的表决办法，从而保证决策的科学民主。当然，对于其他事务的决定，创业团队所采取的方式相对自由，无论是采取绝对多数还是简单多数的方式，都要由全体合伙人进一步协商。

权利2：合伙事务执行权

根据《合伙企业法》的规定，合伙企业的事务应由全体合伙人共同执行。但是在具体的执行过程中，合伙人也可以设立合伙事务执行人岗位，这样在做具体的决策时，其他合伙人就不必执行合伙事务。

权利3：合伙事务监督检查权

合伙事务执行人虽然负责具体事务的决策，但也难免会犯错误。此时，企业就需要其他合伙人对合伙事务执行人进行有效的监督，而如果其他合伙人的监督存在不合理的地方，合伙事务执行人也可以提出异议。

权利4：利润分配请求权

合伙企业经营的目的在于获得经济利益。因此，合伙人有获知利润分配情况的请求权。但是，在行使这项权利时，合伙人必须依据合伙协议中的规定去行使。

权利和义务具有对等性。如果人人都只在乎权利，而不承担义务，那么合伙企业内部必然会乱成一锅粥，企业经营也必然会失败，因此，创业团队也要明确每个合伙人要承担的义务。

合伙企业的合伙人主要有两个方面的义务。

（1）出资义务。出资是所有合伙人都要承担的首要义务。所有合伙人要按照约定的方式、数额和期限出资，要从自己的合法财产中出资，如果不是这样，就要承担相应的赔偿责任。

另外，合伙人根据合伙合同实际交付的资金，即对合伙企业的原始出资。而在合伙企业的发展存续期间，各个合伙人没有增加出资的义务。当然，如果为了公司更好地发展，经过全体合伙人共同决定，各个合伙人可以继续增加出资，用于公司经营规模的扩大。

（2）承担合伙事务的义务。其实，这不仅是合伙人的一项义务，更是一项权利。合伙业务执行人应认真履行职责，按照协议的约定，定期向其他合伙人做工作报告，并接受其他合伙人的监督检查。例如，其他合伙人对合伙事务进行监督，共同决定重大事务，这些都是履行义务的表现形式。

5.1.3 合伙人的出资形式和计价方法

合伙人的出资形式很多元。例如，合伙人可以利用货币的形式、实物的形式、技术的形式、知识产权或者土地使用权的形式进行出资。

虽然出资方式很多元化，但对于合伙人以非资金的形式出资的情况，创业团队就要对其进行评估作价。在评估作价时，创业团队既可以通过全体合伙人协商的方式进行，也可以通过委托法定评估机构的方式进行，在得出结论后，还要在合伙协议中说明具体的作价资产数额。

出资形式不同，其对应的出资计价方法也不同。合伙人要根据出资的具体形式，以及出资的时间做出合理的作价评估。

合伙人为创业公司投入的各种要素由于性质不同而存在时间上的差异。例如，如果一个合伙人为创业团队提供的是办公设备、场地、原始资金等最初的、一次性的产品，那么，这种形式的出资就比较好评估。我们可以根据当时的市场行情状况，很便捷地算出其对公司的资产贡献度，进而确定其所占公司股份的大小。

但是如果按照劳动力、技术或者知识产权等要素进行入股，参与企业创业的，在估价的时候，我们就要做出综合的考量，要对方方面面的因素做出细致的考察，最终给出既合理科学，又能令合伙人满意的估价。

对于劳动力要素的市场估值，我们要参考人才市场的薪资和绩效水平标准，同时，也必须要注意，以劳动力要素入股的合伙人与普通的应聘人员有着巨大的差别，以劳动力要素入股的合伙人的薪资由4部分构成，分别是股权、基本薪资、绩效及期权。因而一名劳动力合伙人为公司节省的劳动力成本差价就是他最合理的劳动力要素估值。例如，在一个创业团队中，有一名来自高等院校的高级运营管理人才，那么，公司创业团队就要参考目前市场上这一岗位的待遇水平，对其入股进行估值。

如果合伙人是按照知识产权要素的方法入股，则其专利的使用费就是给该知识产权合伙人最合理的估值；如果合伙人是按照技术要素的方式入股，可以根据其技术的成型程度及市场上同行业的技术开发标准，对其技术水平做出合理的估值。

虽然每一种要素的估值方法各不相同，但是对这些要素的估值，还要利用一个共性的方法——定期评估法。

顾名思义，定期评估法就是对合伙人的投入进行定期汇总，然后再对这一周期内的投入进行科学的评估，最后确定每个合伙人的投入价值，并以此设置该合伙人在此段周期内的股权比例。定期评估法是一种比较符合合伙人的动态评估方法。

定期评估法的周期不唯一，可以是一个月，也可以是一个季度，甚至是一年。这就需要创业团队根据自身的实际情况与实际需要，做出选择，进行最合理的调整。

采用这样的方法，合伙企业的具体股权结构就能够动态化地呈现出来。

5.1.4 入伙、退伙条件

在合伙创业前，合伙人一定要先明确一些看似很细碎的问题，提前做好分工，还要制定好入伙和退伙的条件和机制。如果在很多问题都没有解决的前提下，迫切地去吸纳一个合伙人，这将会给以后的合作带来很多麻烦。本节我们就为大家具体讲解一下合伙企业的入伙条件及退伙条件。

首先，我们要讲入伙条件的相关问题。

入伙条件是指合伙人加入合伙企业的条件。具体来看，合伙人入伙须具备以下 5 个条件：

（1）新合伙人入伙时，必须经全体合伙人同意；

（2）新合伙人入伙时，要依制度订立书面合伙协议；

（3）新合伙人入伙时，原合伙人必须告知新合伙人企业的经营状况和财务状况；

(4)新合伙人入伙时,与原合伙人享有同等的权利,同时要承担同等的责任义务;

(5)新合伙人入伙时,要对入伙前合伙企业的债务承担连带责任。

合伙人要能够面对合伙企业的得与失,遵守合伙企业的条件,只有这样才能够顺利地入伙,成为创业团队中的一个重要成员。

其次,我们再讲退伙条件的相关问题。

企业在经营过程中难免会遇到诸多困难,甚至陷入困境。在这种情况下,一些意志不够坚定的合伙人就可能选择退出,创业团队如果没有事先制定好退出机制,若对此处置不当的话,则很可能会使公司元气大伤,一蹶不振。

如今,中途退出的例子有很多,一些创业者碍于面子,往往在制定退伙条件时,不好意思提出一些看似"苛刻"的要求,结果就为公司的发展埋下了隐患,导致重要位置上的合伙人轻易退出,不仅害了公司,也害了其他合伙人。

因此,创业团队要本着为公司负责的态度,在合伙创业前,要提前以书面的形式,设定好退伙的条件和退伙的形式。

一般来讲,合伙人满足以下两个条件中的一项,公司就可以让其退伙。一是,如果一个合伙人做了违反合伙创业初衷、中饱私囊,或者有损公司形象的事情,那么,全体合伙人就可以联合将其除名。二是,由于其他的原因,合伙人不得不退出,那么,经由全体合伙人协商,并一致同意后,才能够允许退伙。

退伙的主要形式有两种,如图 5-2 所示。

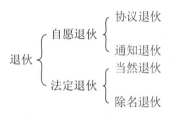

图 5-2　退伙的主要形式

1. 自愿退伙

协议退伙和通知退伙是指合伙人按照自己的意愿主动退出的退伙形式。

（1）协议退伙

当合伙企业正常运营，在达到之前协议所设定的期限时，合伙人便可以按照协议退伙；如一个合伙人提出了自己退伙的具体原因，那么，在征得全体合伙人同意后，其也能够退伙；如果一个合伙人违反了公司协议精神，其也可以按照协议内容主动退伙。

（2）通知退伙

通知退伙的方式比较特殊。当未达到合伙协议的经营期限时，合伙人认为自己能力有限，不能胜任公司的工作，同时又不会给公司带来不利影响时，便可以提出退伙，但是必须要提前30天向创业团队递交退伙通知。

2. 法定退伙

当然退伙和除名退伙是法定退伙的两种形式。

（1）当然退伙

当合伙人死亡或者被宣判死亡时，他就会被合伙团队认定为当然退伙。

（2）除名退伙

除名退伙在使用时要慎重，当合伙人出现以下四种行为中的任意一种时，都会被合伙团队联合除名。具体内容如下：

①合伙人未按照协议约定，履行出资义务；

②合伙人因故意犯罪或者其他重大过失而给合伙企业带来巨大损失的，团队有权联合除名；

③合伙人在执行合伙企业事务时，有假公济私、中饱私囊等不正当行为；

④合伙人违反合伙协议内的其他相关事由。

对合伙人进行联合除名时，合伙团队应当下发除名决议及相关的书面通知书。自被除名人接到除名通知书之日起，除名正式生效。如果被除名人认为除名决议有异议,可以在30天之内,向人民法院提起诉讼,以维护自己的正当权益。

创业团队提前设置好准入机制和退出机制,其最核心的目的是为了找到最优秀的合伙人,打造出一支优秀的合伙团队,并在经营的过程中消除矛盾,促进创业团队的团结,最终使企业得到稳定发展。

5.1.5 股权分配的原则

创业团队要在股权分配方面反复讨论、斟酌,拿出最优的解决方案,切不可疏忽大意,最核心的做法是要有一系列适宜的股权分配原则。只有依据原则办事,才能使合作的基础更加稳固。否则,即使合伙人在创业前期能同甘共苦,但在取得一定的成就后,也可能会因为利益分配不均而导致同床异梦,甚至同室操戈。这对创业团队来说,往往是最致命的打击。

总的来说,创业团队在进行股权分配时,要善于运用以下四个原则,如图5-3所示。

1	根据出资多寡进行股权分配
2	股权梯度设置要明显
3	给核心人才高股份
4	学会预留股权

图5-3 创业团队股权分配的四个原则

原则一:根据出资多寡进行股权分配

在创业初期,钱是最重要的,企业需要大量资金来启动运营,一个资金雄厚的合伙人对创业团队来说是非常重要的,因此,创业团队要根据合伙人出资的多少来决定其职位的高低,对出资更多的人,应给予更大的话语权。例如,创业团队在设立公司时,需要投入资金1 000万元,而其中一个合伙人能出600万元，那么该团队就应该一致选举他为公司的法定代表人。因为他出的钱最多，贡献最大，所以，他就应该具有更高的控制权和公司话语权。

原则二：股权梯度设置要明显

股权梯度设置明显，就是指不能平均分配股权。

很多创始人在寻找合伙人时，总是按照投入资金的多少来平均分配股份。如果在双方投入相同资金的情况下，两人就会干脆直接以各50%的方式平均分配股权，这种做法是很愚蠢的，也是不现实的，只会为公司以后的发展埋下诸多隐患。

正确的做法是，按照合伙人的贡献，包括其工作时间、投入现金和实物等，估算他们的投入价值，并以此为依据进行股权的合理分配。例如，有的合伙人提供资金，有的提供技术，有的提供融资资源等，我们要依据当时的市场情况，合理确定每个人的贡献值，使每一位合伙人的股权占比更科学、更客观。

原则三：给核心人才高股份

在创业过程中，核心资源包括投资资金、技术专利、内容创意、优质运营及品牌IP等。其中，除了资金以外，其他所有资源都离不开人才。创业公司想要有核心竞争力，就需要有能力、有创意的研发设计人员、有高水平的运营"鬼才"，以及有组织团队的核心灵魂人物。对于这些优秀人才，创业团队要给予他们较高的股份，以此来带动他们的积极性，从而促进公司快速成长、壮大。

原则四：学会预留股权

在创业初期，创业团队最好不要把股权全部分割完，而是要预留一部分股权，并把这部分股权放在股权激励池里，将其作为一个吸引优质合伙人的法宝。

具体执行方法如下：在成立合伙企业时，初创团队可以分割公司80%的股权，而把剩余的20%股权用来吸纳优秀的技术合伙人和运营合伙人。如果从一开始就把所有的股权分割完毕，那么团队在后期发展的过程中，就会缺少吸纳人才的一大利器。

利用好以上四个股权分配的原则，会使创业团队内部成员更为团结，并减少因股权纠纷导致团队散伙的概率。

5.1.6 合伙人可以抽回的资本

如果合伙人因为个人原因或者其他原因，不愿意继续参与合伙经营，并经过其他合伙人的同意，便可以退伙。在退伙时，合伙人可以抽回的资本要由当时合伙企业的财产状况决定。

合伙人在退伙时，必须根据《中华人民共和国合伙企业法》把财产抽回。在法律条文中，关于退伙人财产的退回，有三条明确的规定，分别是第三十三条、第五十二条和第五十四条。

《中华人民共和国合伙企业法》第三十三条规定："合伙企业的利润分配、亏损分担，按照合伙协议的约定办理；合伙协议未约定或者约定不明确的，由合伙人协商决定；协商不成的，由合伙人按照实缴出资比例分配、分担；无法确定出资比例的，由合伙人平均分配、分担。"

《中华人民共和国合伙企业法》第五十二条规定："退伙人在合伙企业中财产份额的退还办法，由合伙协议约定或者由全体合伙人决定，可以退还货币，也可以退还实物。"

《中华人民共和国合伙企业法》第五十四条规定："合伙人退伙时，合伙企业财产少于合伙企业债务的，退伙人应当依照本法第三十三条的规定分担亏损。"

根据以上法律条文，合伙人应该明确知晓，在退伙结算时，应该以退伙时的合伙财产状况为准进行计算分配；退伙人的退伙权一般会以现金的方式进行抵还；退伙人对于公司之前的债务，仍要负相同的责任。

在这里，我们要特别强调的是，对于退伙前已发生的企业债务，退伙人要与其他合伙人共同承担连带责任。因为这些企业债务发生在其退伙之前，根据合伙协议，退伙人即便退伙，也要对之前的企业债务承担无限连带责任。

退伙人的财产退还会涉及三种情况，如图5-4所示。

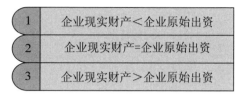

图5-4　合伙人在财产退还时的三种状况

在合伙人退伙时，经结算发现，如果企业的现实财产少于企业的原始出资，则表示企业在经营时出现了亏损，此时，创业团队应按照现实财产折算的方法，将相应的财产份额返还给退伙人。退伙人应该遵循合伙协议约定的比例，进行财产的收回和债务的承担，也就是说，退伙人要以自己的其他财产来弥补分到自己名下的亏损份额。如果合伙协议并没有明确规定亏损的分担比例，则由所有合伙人平分债务，退伙人也要承担自己应承担的债务份额。

如果企业的现实财产等于企业的原始出资，则表明企业经营持平。此时，退还给退伙人的资本就十分明确，只要将其原始出资返还给退伙人即可。

如果企业的现实财产大于企业的原始出资，则证明企业获得了盈利。此时，创业团队不仅要退还退伙人原始出资，还要将相应的分红收益返还给退伙人。

5.1.7　合伙人死亡和继承方式的处理

我国《合伙企业法》规定："作为合伙人的自然人死亡或者被依法宣告死亡的，对该合伙人在合伙企业中的财产份额享有合法继承权的继承人，按照合伙企业协议的约定或者经全体合伙人一致同意，从继承开始之日起，取得该合伙企业的合伙法人资格。若合伙人的继承人为无民事行为能力人，则经全体合伙人一致同意，可以依法成为有限合伙人，普通合伙企业依法转为有限合伙企业。"

但是，如果发生以下三种情形之一，合伙企业必须向该合伙人的继承人退还其所有的财产份额。

情形1：该继承人不愿意成为公司的未来合伙人；

情形2：法律规定合伙人必须具备相关资格，但是该继承人并没有具备该资格；

情形3：合伙协议约定不能成为合伙人的其他情形。

根据权利和义务的统一性和对等性，继承人若获得公司的继承权，就必然要承担相应的责任。

对于合伙继承人的责任承担方式，《合伙企业法》也有明确的规定，具体内容如下："有限合伙人以其认缴的出资额为限，对合伙企业的债务承担有限责任，因此，有限合伙人死亡后，无论其继承人是否具备完全民事行为能力，都以其认缴的出资额为限对合伙企业的债务承担有限责任。"

例如，死亡合伙人被"法定退伙"后，若企业的现实财产少于企业的原始出资，继承退伙人应该按照自己应分担的比例承担债务。另外，继承人应对原有的合伙企业债务，承担无限连带责任。

这是因为这些企业债务发生在退伙人退伙之前，根据合伙协议，当时的退伙人应当对企业的债务承担无限连带责任，而作为继承者，也必须对债务承担无限连带责任。

如果继承合伙人不对之前的合伙债务负责，就一定会加重其他合伙人的负担，同时还可能导致其他合伙人利用退伙手段来逃避合伙债务。这样一来，就会损害债权人的利益。

这里我们用一个真实的案例进行说明。

2013年，张晖和自己的三个朋友在南宁合伙开了一家有色金属冶炼公司，前期，公司发展顺风顺水，短短三年，就获得了很大的盈利。可是，天有不测风云，张晖在一次夜班回家途中，遭遇了严重的车祸，在车祸中，其脊柱严重受损，下肢瘫痪。

之后，又经过两年的治疗，张晖的病情仍不见好转，最终因病去世。在去世前，他嘱咐其他合伙人，让他的儿子张小晖作为他的法定继承人，继承公司的股份。

可是，其他三个合伙人在张晖病亡后，并没有履行承诺，而是以张晖在生病期间耗费了公司内部的大量资产为由，拒绝给张小晖任何股份，仅仅给了他一笔安抚金。

张小晖心有不甘，便将公司其他三个合伙人告上了法庭。

经法院判决，张小晖依法享有合伙企业的继承权，同时也应承担公司为张晖治病所造成的财务损失。

可是张小晖却做了一个申辩，他说自己不愿意做公司的合伙人，因为其他三个合伙人的做法让他与家里人感到寒心，他只是希望能够退伙，拿到应有的退还金额。

法院表示同意。

经过核算，该公司仍处于盈利状态，并没有如三个合伙人所说的张晖生病导致亏损的状况。

最终，张小晖成功退伙，也获得了相应的补偿。

因此，当合伙人自然死亡后，公司的其他合伙人要严格依法行事，并根据相应的条款做出最合适的选择。同时，继承合伙人也要懂得权责分明，用最合理的方式维护自己的权益，承担自己的责任。

5.1.8 企业终止合伙财产的分配方法

多人合伙创业，一年后，如果其中一人坚持退伙，那么这种行为就属于终止合伙行为。对于如何分配终止合伙的财产，《中华人民共和国民法通则》的第五十五条做出了明确规定。

其具体内容如下："合伙终止时，对合伙财产的处理，有书面协议的，按协议处理；没有书面协议，又协商不成的，如果合伙人出资额相等，应当考虑多数人意见后酌情处理；如果合伙人出资额不等，可以按出资额占全部合伙额多的合伙人意见处理，但要保护其他合伙人的利益。"

在合同终止时，合伙人要对剩余财产进行清算。而在做好清算后，第一步要做的就是偿还各种债务，如果剩余的财产不能够清偿债务，那么不足的部分就要按照经营时分红的比例进行偿还。

当终止合伙时，经结算，若企业经营出现亏损。此时，所有合伙人应该遵循合伙协议约定的比例分配财产和承担债务，在操作层面，合伙人要以自己的其他财产来弥补分到自己名下的亏损份额。如果在签订合伙协议时，并没有明确规定亏损的分担比例，则由全体合伙人平分债务。

如果企业经营持平，合伙人就能够拿到自己的原始出资。如果企业盈利，则所有合伙人不仅能够拿到原始出资，还能够获得相应的分红收益。

举个例子，2017年年初，李晓峰和张晓亮在杭州合伙开了一家服装设计公司，其公司发展很不顺利。1年后，公司就出现较大亏损。

于是，李晓峰决定终止合伙。

起初，张晓亮并不同意，一直劝说李晓峰，告诉他要有耐心，没有人是从一开始就能挣到钱的。

可是李晓峰却反问道："自从合伙后，你就对公司事务袖手旁观，丝毫不放在心上，而我每天早出晚归，对公司的状况了解得很清楚。现在我们公司制度不健全，吸纳不了优秀的人才，员工工作精神涣散，生意销售惨淡，如果照这样发展下去，我们会亏得更大。"

张晓亮听后非常自责，向李晓峰道歉，试图挽留。

李晓峰则明确地说出了自己的看法，"公司到了这一步，不是只有你的责任，也有我的责任，我在管理过程中也存在骄傲自大的行为。这次合伙创业，让我知道自己还欠缺很多经验，所以我们还是终止合作，再各自历练，积累经验吧！"

经过这次深入的讨论，他们最终决定终止合作。而在最后清算财产时，他们发现公司亏损大半，为偿还债务，他们还得自掏腰包。

在负债的承担问题上，他们也按照当时的合伙约定，归还了属于自己份额内的债务，这样他们最后好聚好散，并没有产生利益纠纷。

总之，在分配合伙财产时，要按照公平公正、科学合理的原则进行分配，这样才能够做到好聚好散，避免产生纠纷。

5.2 协议中要特别注意的问题

合伙人在签署合伙协议时，还要特别注意以下四个问题：（1）要理清合伙人的出资；（2）要审查合伙人的主体资格；（3）要正确设置公司的名称；（4）要明确约定好股权性质和合伙人的退出机制。做到以上四点，才能够保证合伙协议不出纰漏。

5.2.1 理清合伙人的出资

合伙人的出资是合伙企业的物质基础，因此在签定合伙协议时，要明确标注合伙人的出资。常规的合伙人的出资方式有5种，如图5-5所示。

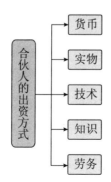

图5-5 常规的5种合伙人的出资方式

由图5-6可见，合伙人可以用货币、实物、技术、知识产权或者劳务的方式进行出资。因此，合伙人出资的种类不一定相同，出资的金额数量也不一定相等，但是无论采用哪种方式，创业团队都要按照科学的比例进行折算，并将其折合为相应的股份。

同时，在对以上各种出资形式做出折算后，创业团队还要把合伙人的出资方式、出资金额及出资期限，在合伙协议中写明。

对于合伙人的出资金额，创业团队既可以通过全体合伙人协商的方式进行，也可以通过委托法定评估机构的方式进行，但最为重要的是，在签订合伙协议时，必须要明确标注出各个合伙人的出资金额及对应的股份占比。

通过这样细致的清算，各个合伙人才能够在以后的盈余分配与债务承担中，明确自己的权责，进一步减少利益冲突，从而促进公司的良好发展。

5.2.2 审查合伙人的主体资格

合伙创业，就好比一群人在暴风雨中共同驾驶一条小船，面对着惊涛骇浪，重重险阻，船上的每个人都要有足够的勇气、能力，各司其职，相互扶持，同舟共济，这样才能冲出险境，驶向美好广阔的蔚蓝大海。每个合伙人便是船上的水手，他们的综合素质决定着企业能否有足够的能力迎接挑战，渡过难关。

合伙人的综合素质，就是创始人要评估合伙人的主体资格。整体来看，合伙人的主体资格是多元化的，包括各个方面的内容。例如，合伙人的道德与人品、合伙人的业务能力、合伙人的家庭与资产状况、合伙人的债务情况等。总之，创始人在与合伙人签订合伙协议前，必须要对以上情况做出最为细致的排查。

需要特别注意的是，合伙创业团队的发起人在审查合伙人的主体资格时，必须要注意以下四点限制性规定。

规定1：在特殊的普通合伙企业中，合伙人必须要具备相应的专业资质。例如，律师事务所中的相关合伙人必须要具备法律从业资格；

规定2：在普通合伙企业中，自然人要具备完全民事行为能力，但是在有限的合伙企业中，自然人可以由不具有完全民事行为能力的人承担；

规定3：任何国有独资企业、上市公司及各类公益性事业单位和社会团体，都不能成为普通合伙人；

规定4：合伙人自然死亡或者被依法宣告死亡后，对该合伙人在合伙企业中的财产份额享有合法继承权的继承人，应按照合伙企业协议的约定或者经全体合伙人的一致同意，从继承开始之日起，取得该合伙企业的合伙法人资格。

创始人只有按照以上方式，对合伙人的主体资格做出种种排查，才能保证最终确定下来的每一个合伙人都能够与自己的创业团队"同甘苦、共患难"，保证创业公司的正常运营和健康发展。

5.2.3 不能以"有限""有限责任"命名企业

合伙企业在公司的命名形式上，也要特别的严谨和慎重，特别是在合伙协议中，不能够出现"有限"或者"有限责任"的字样。

《中华人民共和国合伙企业法》对此有着明确的规定，如下所示。

1.普通合伙企业的合伙人对企业债务承担无限连带责任。

2.有限合伙企业的普通合伙人对合伙企业债务承担无限连带责任，有限合伙人以其认缴的出资额为限对合伙企业债务承担连带责任。

3.合伙企业以"有限"或者"有限责任"字样命名，具有欺骗性，可能影响正常的交易行为。

那么，合伙人又该如何对自己的企业进行正确的命名呢？针对这一问题，我们从国内的各大律师事务所得到了较为一致的回复。

他们普遍认为："普通合伙企业应当在其名称中标明'普通合伙'

字样，其中，特殊的普通合伙企业应标明'特殊普通合伙'字样；有限合伙企业应标明'有限合伙'字样，而不能标明'普通合伙''特殊普通合伙''有限公司'及'有限责任公司'等字样。总之，合伙企业在名称标注时必须要有'合伙'二字。"

因此，创始人在为合伙企业命名时，一定要避免使用"有限""有限责任"等字眼来命名企业，在签定合伙协议时，也一定要写上企业的最终名称。

5.2.4 明确约定好股权性质和合伙人退出机制

合伙人在签订合伙协议时，还必须要明确约定好股权性质和合伙人退出机制。

股权性质是一大热门问题之一，明确股权性质有利于保护公司合伙人股权。

目前，专业人士对股权的内涵与性质有三种不同的看法，分别是：股权是一种债权；股权是一种所有权；股权是一种社员权。但这三种说法都各有利弊，目前对于股权的性质，还没有一个统一的表述。

但是，《中华人民共和国公司法》第四条第一款却明确地规定了股权的权能。在这一条文中，我们也能看出股权的部分性质。

第四条第一款的原文内容如下："公司股东作为出资者，按投入公司的资本额享有所有者的资产受益、重大决策和选择管理者的权利。"

在股权中，财产权具有特殊性。股份财产是公司财产的重要组成部分，其主要目标是盈利的最大化，财产权在所有权利中处于核心地位，大股东能够参与公司重大事件的管理。同时，财产权具有不可侵犯性。

明确约定好合伙人的股权性质后，创业团队还要制定好合伙人的股权退出机制。合伙人退伙有四种形式，分别是协议退伙、通知退伙、当然退伙和除名退伙。

协议退伙和通知退伙是指合伙人按照自己的意愿主动退出的退伙形式。通知退伙的方式比较特殊，当未达到合伙协议的经营期限时，合伙人认为自己能力有限，不能胜任公司的工作，同时又不会给公司带来不利的影响时，便可以提出退伙，但是退伙者必须要提前30天向创业团队递交退伙通知。

当合伙企业正常运营，在达到之前协议所设定的期限时，合伙人便可以按照协议退伙；如一个合伙人提出了自己退伙的具体原因，那么，在征得全体合伙人同意后，他也能够退伙；如果一个合伙人违反了公司协议精神，他也可以按照协议内容退伙。

当然退伙和除名退伙是法定退伙的两种形式。当合伙人死亡或者被宣判死亡时，他就会被合伙团队认定为当然退伙。

除名退伙在使用时要慎重，对合伙人进行联合除名时，合伙团队应当下发除名决议及相关的书面通知书。自被除名人接到除名通知书之日起，除名正式生效。如果被除名人认为除名决议有异议，可以在30天之内，向人民法院提起诉讼，以维护自己的正当权益。

明确约定好股权性质，能够让各个合伙人知晓自己的权责；设置好合伙人退出机制，能够让合伙企业平稳运行，因此，创业团队在签订合伙协议时，对退出机制一定不能忽视。

第6章

合伙人的股权架构和分配

合伙人团队要有完美的股权架构。合理的股权架构是公司组织最完美的顶层设计,能够为创业团队建立竞争优势,并促使创业团队获得指数级增长。那么,合伙人应该如何设计股权架构的流程,如何合理地进行股权分配,就成了备受关注的问题。本章我们将为大家解决以上这些问题,以便使创业团队有一个参考,从而获得美好的发展前景。

6.1 股权架构的设计要点

股权架构是创业团队的顶层设计。股权架构设计关系到创业团队的发展前景。合理的股权架构能够明晰股东的权利与责任,避免出现股权争议,能调动各个股东的积极性,促进创业项目的稳定发展,还能够保证创业团队对公司的控制权,从而促进公司顺利走向资本市场。

一份完美的股权架构在设计上要包含以下四个要点,如图6-1所示。

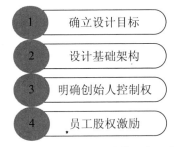

图 6-1 股权架构设计的四个要点

本节将对这四个股权设计的要点展开详细的说明。

6.1.1 确立设计目标

创业团队必须明确股权设计的目标。股权架构的设计是一个复杂的工程,不能够等闲视之。股权架构的设计也绝非纸上谈兵,而是各个合伙人互相博弈的结果。从本质上来讲,股权设计的核心是解决谁投资、谁执行、谁获利及谁负责的问题。只有解决好以上问题，才能够充分调动创始人与合伙人的积极性。

总的来说，一份完美的股权设计方案，要包含以下3个目标，如图6-2所示。

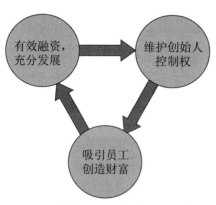

图 6-2 股权设计方案的 3 个目标

目标 1：积极维护创始人的控制权

维护创始人控制权的核心目的是保障公司权利的稳定。创始人控制权的确立也能够树立自己在创业团队内部的影响力，提升自己的话语权，这样能够最终提升团队决策的效率，推动项目的执行。

目标 2：吸引员工，创造财富

如今，创业竞争进入白热化阶段，合伙创业的成功率要远远高于个人创业的成功率。而合伙创业成功的关键在于合伙人的寻找，以及优秀合伙团队的打造。

一个成功的创业团队，懂得利用优秀的股权架构设计，吸引更多的优秀合伙人，提高团队的竞争力。例如，通过给优秀员工部分股份的方式，让优秀员工分享到公司的财富，从而吸引到更优秀的人才，而更优秀的人才又会创造更多的财富，这种良性循环会有力地促进公司的发展。

目标 3：有效融资，充分发展

创业团队设计完美的股权架构，还要充分考虑未来融资上市的需要，以便吸引更多的优质投资者的加入。只有创业团队与投资者建立稳定默契的股权合作模式，才能够使创业团队获得更高的价值与利益，从而促进创业团队的高速成长和持续发展。

创业团队在进行股权设计时，只要明确以上三大目标，就能够保证团队的稳定，为团队吸引到优秀的人才，获得大量的融资，并最终获得一个美好的发展前景。

6.1.2 股权设计的基础架构

创业合伙人有三种股权架构的设计方法，分别是一元股权架构、二元股权架构和 4×4 股权架构，如图 6-3 所示。

图 6-3　三种股权架构类型

一元股权架构是指合伙团队的股权比例、表决权及分红权均一体化的一种架构形式。这是最简单的一种股权架构形式，能够避免公司管理出现僵局。在这种股权结构下，所有合伙人的权利都要按照股权比例进行设置。

在采用这种股权架构时，创始团队一定要保证合伙创业成员中有一人占有最高的控股权。如果是两人合伙，那么其中一方的股权占比要达到 51%；如果是三人合伙，那么其中一方的股权占比要达到 33.4%。只有这样，创业团队才能够保证公司内部有核心话语权的领导者，才能促进决策的顺利执行。

二元股权架构是分离设计股东权利的一种股权架构形式。具体是指在设计时,对合伙团队的股权比例、表决权以及分红权做出比例不等的调整。这是一种典型的A、B股结构。采用这种架构设计的方法,能够使联合创始人获得更高的决策权,也让资本合伙人获得更高的分红权。

4×4股权架构是对二元股权架构的一种优化升级。4×4股权架构把公司的股东分为四个基本类型,分别是创始人、合伙人、公司员工以及公司的投资人,并根据他们对公司的贡献,对他们的权利进行科学的安排调整,并最终实现创业团队的目标。

如果说,创业公司是一辆赛车,创业历程是赛道,创始人是优秀的车手,那么4×4股权架构就是驱动赛车前进的四驱。只有将四驱配置好,创业团队才能够动力十足,克服阻力,勇敢前行。

创业团队在设计4×4股权架构时有以下三个重要的步骤:

首先,要将公司股权的大部分划分给投资人与创始人;

其次,要把剩余的股权分给合伙人与其他优秀员工,在分配时,要根据员工对公司的贡献,细分其应得的股份;

最后,要查缺补漏,调整股权分配中的不合理成分,保证股权分配的相对公平,促使团队成员团结协作,从而促进团队发展壮大。

6.1.3 明确创始人控制权

维护创始人控制权的核心目的是保障公司权利的稳定。创始人控制权的确立也能够树立其在创业团队内部的影响力,提升他的话语权,最终提升团队决策的效率,从而推动项目的顺利执行。

另外,团队的核心创始人在创业初期要保留较高的股权比例,这样才能避免丧失公司的控制权。因为创业团队在发展壮大的过程中,一般都会利用员工股权激励的方法或者进一步引进投资股权的方法,吸引人才与资金,而这种做法必然会导致团队核心创始人的股权被稀释,使其话语权与决策权进一步降低,不利于公司项目决策的高效执行。

2016年年初,张山、赵海和李峰三人合伙在合肥开了一家海鲜主题餐厅,起初三人的投资比例分别为36%、34%和30%,张山占有餐厅的绝对控股权。

经过两年的发展,餐厅的生意越来越好,但是也出现了严重的管理问题。因为在2017年,为了调动餐厅员工的积极性,特别是手艺出众的三位大厨的工作积极性,创始团队的三位合伙人经过商议决定,分给三位大厨17%的股份。其中张山转出7%的股份,赵海和李峰各自转出5%的股份,至此,张山、赵海、李峰三人的股份都发生了变化,他们的股份占比变成了29%、29%、25%。

这种做法在初期的确起到了非常好的效果,使得三位大厨干劲十足,不断做出花样翻新的菜肴,为餐厅创造了巨额利润。可是到了后期,赵海渐渐产生了不满,由于其股权占比和张山一样大,可在餐厅的话语权却没有张山多,于是与张山产生了许多矛盾和隔阂。终于在2018年年中,张山被迫离开了餐厅,而核心成员的变动也使餐厅的发展陷入了困境。

这个案例充分证明了保证核心领导人绝对控股权的重要性。创业团队在初始发展阶段,无论如何进行股权调整,一定要保证创始人的核心控制权,而在发展的后期,则可以采取AB股或者4×4股权架构的方法进行重新调整。

6.1.4 员工股权激励

员工股权激励方案是实现创业团队发展的一项长期的、必要的制度安排。员工股权激励方案能够使企业核心员工获得部分股权,使其享有部分经济权利,并能参与创业团队的决策,增强其主人翁意识,保证其能尽心尽力地为团队的长远发展做出贡献。

总的来说,员工股权激励方案有四大优势,如图6-4所示。

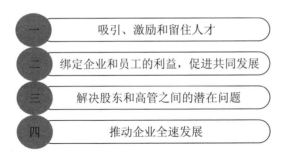

图 6-4　员工股权激励方案的四大优势

北京的 Y 公司是一家大型电子设备研发公司，由三人合伙创办。近年来，由于电子设备研发产品的市场前景很好，公司也进入了高速发展时期，但令三个原始股东感到担忧的是，其团队内部的高层次人才流失率却越来越高，团队士气也在不断下降。为了扭转局面，保留住团队的优秀员工，该团队推行了股权激励计划。

Y 公司股权激励计划是以循环渐进的方式进行，从整体来看，它分为三个部分。

首先，Y 公司严格挑选股权激励的对象。Y 公司会从人力资本附加值、难以取代程度及员工的历史贡献度这三个角度挑选激励对象。从这三个角度挑选激励对象，一方面能使员工心悦诚服，既激发了激励对象的工作积极性，又鼓舞了其他员工的干劲；另一方面也能保证团队内部的稳定，促进公司的高效平稳发展。

其次，Y 公司根据员工的绩效选取股权激励对象。为此，Y 公司引入了股权激励的考核机制，将员工的绩效考核成绩分为五个等级。最高等级为 A，最低等级为 E。获得 A 等级的员工不仅能够获得企业的股权，而且可以使其当月的绩效变为原有绩效的 1.5 倍，而获得 E 等级的员工则没有获取企业股权激励的资格，其当月的绩效也不会有任何提升。这样的竞争激励模式能够促进公司内部员工更好地竞争与合作，从而提高员工的工作积极性与活力。

最后，Y 公司根据员工的类型，选择不同的股权激励方式。这种因人而异的激励方式很有针对性，比较符合员工的特点，能最大程度地激发员工的热情，而且这种激励方式也非常科学。例如，对忠诚度高的员工，Y公司采用实股激励的方式，让他们体验到当家做主的感觉。对于不愿出资的员工，Y公司则会采用分红激励和期权激励的方式，以此来提升他们的积极性。

6.2 股权架构的原则与分配方法

合伙团队在进行股权设计时，也要讲究科学的原则和实用的分配方法，这样才能够让每个合伙人都知晓自己的权责与利益，才能够让团队健康运行。

股权架构在原则设计上，要做到架构清晰，分工明确。在方法上，要积极运用以下四种方法：1.根据出资比例进行股权设计；2.根据贡献值大小进行股权设计；3.股权设计要有明显的架构梯次；4.要预留合伙人期权池。

6.2.1 原则：股权架构清晰，分工明确

合伙创业团队在设计股权架构时，必须要有明确的原则，其原则体现在以下两个方面。

一方面，在创业初期，股东的数量一定要少。在创业初期，原始股东一般由团队发起人、联合创始人及天使投资人三部分构成。其中，团队发起人和联合创始人是显名的股东，其他合伙人则构成隐名的股东平台，在团队发展后期，其他相关投资人及相关合伙人等也都会被放在这一平台上，这种做法能够极大程度地简化股权架构。

另一方面，要明确股权比例。具体来讲，投资人持有多少股一定要做

到心中明确，而且其团队内部一定要有掌控权利的核心人物，团队的核心创始人要保留较高的股权比例，这样才能够避免丧失公司控制权的现象发生，创始人控制权的确立也能够树立自己在创业团队内部的影响力，提升自己的话语权。从而能够最终提升团队决策的效率，推动项目的执行。

1994年，以张勇、施永宏为首的4个心怀梦想的年轻人在资阳合伙创业，开了一家属于他们自己的火锅店——海底捞。海底捞在初创时也只是一家规模较小的火锅店，但后来经过迅速发展成为国内首屈一指的连锁餐饮巨头，这样的成绩与其股权结构的设定也有着密切的关联。

在海底捞成立之初，张勇因各项能力都很强，所以并没有出资，而其余三位合伙人则各出资8 000元，最终，四位合伙人每人的股权占比均为25%。后来，这四位合伙人发展成为两对夫妻，双方的股权占比变为了1:1。

随着公司规模的日益扩大，张勇极为敏锐地认识到夫妻店的经营方式制约了公司的发展，于是，他提议更改股权结构，让自己的妻子和施永宏的妻子退出海底捞。

其后，张勇又认为，公司若要发展壮大则需要一名"带头大哥"，要有核心领导人员，1:1的占股比例会降低核心领导的话语权，影响公司决策的顺利执行，因此，在与施永宏商议后，其再次提议更改股权结构。

施永宏对张勇的才能十分钦佩，也知道这种做法对海底捞的发展更有利，因此也答应"让贤"，让出了自己18%的股权，最终张勇和施永宏的股权比例就变为了68%:32%。

经过股权架构的调整，海底捞的股权架构就变得比较合理。从此，海底捞有了一个"带头大哥"，走上了快速发展的道路。

6.2.2 方法1：看出资比例

根据合伙人的出资比例，设置公司的股权架构，是最为简单实用的方法。对于一个初创团队来讲，也是一种很明智、很公平的做法。

2016年，张璐、李星和马珠三人合伙在郑州开了一家惠民宾馆。当时他们一共投资了500万元，其中张璐投资了200万元，李星和马珠各投资了150万元。因此最终他们三人的股权占比为4:3:3。由于张璐投资最多，股份占比最大，所以张璐成为了宾馆的一把手。

张璐在经营上很有头脑，做事也很周到，因而其他两名合伙人都很信任他，在遇到重要的事情时都会主动听取他的意见。

而张璐也总是能够利用很新颖的方法，为宾馆招揽到大量的住户。例如，每当有火爆的电影上映时，他就会邀请设计师，将宾馆的贵宾房设置成相关电影的主题房间，从而增加宾馆的热度；在各种节假日，他也能利用节假日的流行时尚来为宾馆打造招揽顾客的噱头；此外，他还为在宾馆入住的顾客提供酒水半价等诸多优惠。

这种种的营销手段为宾馆招来了大量的顾客，经过两年的发展，宾馆的名气越来越高，利润也越来越大。

这个例子说明一个好的带头人对企业的发展能起到至关重要的作用，张璐出资最多，恰好能力也很强，因此才能把宾馆经营好，但如果张璐能力不强，企业经营就可能会出现问题。

因此，根据出资比例选出一把手，虽然简单实用，但也要根据实际情况做出判断。如果一个出资人出资很高，但却缺乏经营头脑，做事比较武断，这时就需要通过协商或者制衡的办法，避免决策失误。

6.2.3 方法2：看合伙人贡献

合伙创业更需要团队的配合，因此，创始人要特别注重团队的力量。在团队中，每个人都要各有所长。为了使团队的力量得到最大限度的发挥，创始人就要不吝惜手中的股权，根据他们各自的贡献度，给予他们适当的股权激励，因为公司的一切运营都要依靠团队来完成，如果创业团队的事业做不起来，即使创始人拥有100%的股权，也没有任何的价值与意义。

评价合伙人对企业贡献度的方法有很多。例如，合伙人的经营智慧、合伙人的专业技能、合伙人的团队领导力、合伙人的市场开拓能力、合伙人对事业的热情度等。

在具体考量时，创始人既要擦亮双眼，根据各个合伙人的实际贡献价值给出相应的股份，又要结合市场的估值，做出合理的判断。这样做的最终目的就是让创业团队的各个合伙人能够分享到自己为公司所创造的财富，这样，员工才会觉得自己有价值，才会继续发光发热，进而为公司创造更多的财富。

2017年张庚、李瑶和孟非三人在杭州合伙开了一家网上商城，张庚和李瑶分别投资60万和40万，孟非因为有深厚的电商工作经验，特别是具有优秀的网页设计才能和与客户沟通的才能，因此在经过其他两人的同意后，孟非以技术合伙人的身份入股。

实践证明，张庚和李瑶的决策是正确的。仅仅经过1年的发展，他们的网上商城就做出了很好的成绩。无论是产品质量、买家评价还是信誉指数，都有非常好的表现，获得了广泛的好评，而这些都离不开孟非的努力。

由于孟非表现出色，对团队的贡献度高，张庚和李瑶决定额外给予他10%的股份奖励，同时，也给了他更多的绩效奖金。

这个例子充分说明一个优秀的技术人员对公司的发展贡献是很大的，创业团队在股权分配上也要根据其贡献，对他们予以支持。

6.2.4 方法3：要有明显的股权架构梯次

合伙团队在进行股权划分时，一定要有明显的股权架构梯次。

股权架构梯次设置要明显就是指股权在分配时，不存在平均分配的现象。很多创始人在寻找合伙人时，总是按照投入资金的多少平均分配股份，如果双方在投入相同资金的情况下，两人就会干脆直接以各50%的方法进行平均分配股权，这种做法只会为公司以后的发展埋下诸多隐患。

正确的做法是，按照合伙人的贡献，包括其工作时间、投入现金和实物等，估算他们的投入价值，并以此为依据进行股权的合理分配。例如，有的合伙人提供资金，有的提供技术，有的提供融资资源等，我们要依据当时的市场情况，合理确定每个人的贡献价值，使每一位合伙人的股权占比更科学、更客观。

6.2.5 方法4：要预留合伙人期权池

员工的期权池，是创业团队公司提前在公司股权中给员工预留的部分股权。其预留股权的占比在10%～15%。设置员工期权池的目的在于用股权激励员工及对公司贡献度较高的合伙人，使他们更加努力工作。

在创业初期，创业团队最好不要把股权全部分割完，而是要预留一部分股权，把这部分股权放在股权激励池里，将其作为一个吸引优质合伙人的法宝。

具体执行方法如下：在成立合伙企业时，初创团队可以分割公司80%的股权，而把剩余20%的股权用来吸纳优秀的技术合伙人和运营合伙人。如果从一开始就把所有的股权分割完毕，那么团队在后期发展的过程中，就会缺少吸纳人才的一大利器。

但是，目前在我国的法律框架下，工商部门要求公司的股权必须与注册资本相一致，因此很多创业公司无法进行股权预留。针对这一问题，创业团队可以采用变通的方法实现股权预留。例如，团队创始人可以利用代持股份及设立公司内部虚拟股票的方式预留一部分股权。

在设置期权池方面，罗辑思维给创业企业做了一个很好的榜样。在罗辑思维初创时，罗振宇在公司的股权占比为18%，其余82%的股份则由申音和其他合伙人共同分配，但是申音向罗振宇保证，会为他预留20%～30%的期权池，根据以后公司发展的规模与高度，酌情将这部分股权转给他。这种设置期权池的做法极大地提升了罗振宇的工作热情和干劲,从而带动公司的飞速发展。

所谓多劳者多得,设置期权池的做法,一方面可以用来激励合伙人和贡献度高的员工;另一方面,对公司的长远发展也大有裨益。

6.3 对合伙人投资要素进行估值

股权问题一向是令创业公司最为头疼的问题。股权分配与其说是一门技术,倒不如说是一门艺术,因为它并没有完全的对错之分。

现在一些企业的创始人经常会遇到这样的问题,如果企业仅仅按照投资的比例划分股权,那么,对于初创公司中一些有突出技术和劳动力贡献的员工就会显得非常不公平,不利于激发他们的工作积极性,但若给予他们股权,却又不知道给多少才合适。

这个时候,我们就应该根据合伙人对公司的贡献,对股权进行划分,这也是目前公认的相对公平的股权划分方法。常见的合伙人贡献如图6-5所示。

图6-5 合伙人投入要素

那么如何对每个合伙人的贡献价值进行量化估算，并给予他们相应的股权就成了创业公司必须要考虑的问题。其大体的估算思路就是先折算创始人对公司的投入价值，计算总和之后，再折算出其余每个合伙人投入价值在总价值中的比例。

6.3.1 现金实物投资

现金和实物的价值是最好估算的。

现金的价值就是现金的金额，一个创业团队即便有再好的创意和工作激情，若没有资金都是空谈。尤其对于初创阶段的企业来说，其本身前景未定，吸引投资的能力较弱，若有合伙人甘冒风险，给予投资，那对企业来说便是"雪中送炭"，资金对企业的价值显然更高。而当公司发展壮大以后，很多投资人都愿意"锦上添花"，那么，资金的重要性便大大降低了。

此外，创始人为公司提供的实物资产也可以被视为现金投资，因为这些资产实际上也是花钱买来的，是现金的另一种存在方式。不过这样的实物至少需要满足以下两个条件之一。

（1）该实物是企业主营业务的核心资产。例如，对于一家互联网公司来说，公司运营需要计算机和网站服务器这些必需品，那么这些实物就是其主营业务的核心资产，可以当作现金投资；若合伙人为公司提供了一台饮水机，而饮水机并不是公司运营所必需的，自然就不算是公司的核心资产。

（2）该实物是专门为创业企业经营而特意取得的。例如，合伙人为了企业专门购买的办公用品、办公桌椅等，可以算作是实物投资。但是从自己家里拿来的多余文具、二手计算机不属于专门为企业购买的，就不能算是实物投资。

实物资产的估价可以找专业评估师计算，不过为了方便，创业者也可以自行折算。例如,全新或者买来使用时间很短的实物资产可以按购买价来估算价值;折旧严重的实物资产则可以参考目前同城旧货处理的价格来折算。

6.3.2 办公场地

合伙人可能会为公司提供办公室、仓库、店铺等经营所必需的场所。如果这些场所都是公司所必备的,即便合伙人不提供,公司也需要花钱租用,那么,合伙人为公司所提供的场所实际上就是对创业公司的投资,其投资的金额应该是公司若租用这块场地,应花费的资金。因此创业团队在对这部分投资予以折算时,应该参考当地同水平房屋的租金,进行比对估价。

当然,并不是所有场所都可以折算成贡献价值,有一些场所就可以不用估值,如超出公司需要的场所。假设一个公司里只有十个人,大概只需要一个100平方米的办公室就够了,可若合伙人提供了一个300平方米的办公室,那么,这多出来的200平方米实际上就是浪费的,对公司没有价值;还有一些场所,合伙人本来没有将其用于经营活动,却将其提供给了公司,那么这个场所也不能折算为价值,因为合伙人将这种场所提供给公司,其自身的利益并没有受损。

6.3.3 知识技术

知识技术投资是合伙人对公司的智力投入,如专业技术、知识产权、创业想法等。

合伙人向公司提供技术或者知识产权的市价就是对公司的投入。当然,若合伙人不愿意将知识产权转给公司,只是授权给公司使用,那么这部分的知识产权的许可使用费就是合伙人对公司的投入,企业"应当支付，还未支付"的那部分钱就是合伙人知识产权的价值。

对于创业想法的估值要根据具体情况，如果仅仅只是一个灵感或者初步想法，那么这个点子本身并不值钱。但是在创业项目启动前，合伙人便对这个想法进行了体系化的思考策划，而且形成了完整成熟的商业计划，并进行了初步尝试，乃至形成了原始产品，那么，这部分工作就是其为公司贡献的价值。对于这些先期工作，市场给予其报酬的金额就是合伙人对创业公司的投入。

6.3.4 人脉渠道

在做生意时，人脉的重要性是不言而喻的，往往对生意的进展、成败起着决定性作用，合伙人为企业提供这部分的人脉渠道，也可以作为其对公司的贡献。例如，公司借助合伙人的人脉获得了销售收入，或者帮助公司融资等。

如果公司通过合伙人的人脉渠道获得了销售收入，那么公司可以按照市场行情对该合伙人给予销售提成，如果公司没有给予提成，那么这部分本应该给予该合伙人的提成就成为该合伙人对公司的贡献价值。

同样的，如果公司通过合伙人的人脉渠道得到了融资，那么公司应该按照财务顾问的行情给予佣金，如果公司没有给予佣金，那么这部分待支付的佣金就是合伙人对公司的贡献价值，应当予以折算价值。

6.3.5 劳动时间

合伙人为公司提供的劳动、精力、时间是他们给公司提供最重要的贡献，也是为公司不断创造价值的最主要手段，那么我们如何对这部分贡献进行估值呢？最常见的方法就是按照当地人才市场上通常的工资标准进行折算。例如，一个本科学历对口专业的男性，在其他公司做类似工作岗位上的月薪为 8 000 元，那么这 8 000 元就是他的时间价值。

但是这种算法也存在一些弊端，一是如果按照这种计算方法，被估值的人与其说是合伙人，不如说是一位被雇用的劳动者，他更像是在为公司打工，而对公司却没有投入。此外，如果公司给予他的股权比不上他在其他公司给予他的工资，那么他很可能会因为待遇问题而选择不创业，因此，给予其股权的潜在价值，要大于合伙人为其他公司打工的薪水。

因此，对于人力投入，我们可以这样折算价值。例如，合伙人在创业公司所做的工作对公司的贡献是 1 万元，如果他分文不取，则相当于帮公司赚了价值 1 万元的人力收入，那么这 1 万元就是他对公司人力贡献的价值；如果他每个月领 2 000 元薪水，那么他的贡献就是剩下的 8 000 元，也就是说，他对公司进行劳动时间投入的价值等同于公司本应发给他但是没有发的那部分工资。

总的来说，合伙人对公司的贡献，就是其所提供的资源给公司带来了收益，而公司却没有按市价支付给他的报酬。这也就是合伙人对公司的投资。

6.4 股权比例的计算方法

在了解了股权分配的原则和方法后，我们就必须要知道股权比例的计算方法。只有利用科学的股权比例计算公式进行评估，由此所得的股权分配方法才能够让每个合伙人都信服。本节我们将为大家介绍股权比例的计算公式、投入要素的估值浮动及具体股权评估的两种手段。

6.4.1 计算公式

在对股权占比进行评估时，我们需要一个被合伙人广泛认可的计算公式。这里我用简单的案例，为大家推导出股权比例的计算公式。

假设甲、乙、丙三人共同创业，开了一家废水处理厂。甲出资 a 元，同时又贡献出了创业的场地。据市场估价，其场地的价值为 $a1$ 元。乙出资为 b 元，同时又贡献出了污水处理的核心技术。据市场估价，其污水处理的核心技术价值为 $b1$ 元。丙出资 c 元，同时又担任公司的财务总监，这就为公司聘请专业人员，省下一笔开支。据市场估价，当时这笔开支的费用为 $c1$ 元。

那么废水处理厂初建时的总资产为 $a+a1+b+b1+c+c1$ 元。在这里，我们把这些资产的总和记为 T，其中，甲投资人的总投资为 $a+a1$ 元，这里记为 A。

那么甲的股权比例计算公式为

$$股权比例（甲）= \frac{A}{T} \times 100\%$$

这个公式虽然简单易懂，但是最关键的是创业团队要根据市场价值，如实地折算合伙人的实物资本及其他要素入股的折合资本。只有做到公平公正，创业团队才能够制定出一套最让合伙人信服的股权比例分配模式，才能够减少后期发生股权纠纷的概率，才能将各个合伙人团结起来，为团队创造更多的财富。

6.4.2 投入要素估值浮动

上述的计算公式是最理想化的股权比例计算方法，但是具体的商业合作往往存在许多变数。特别是在创业初期，合伙人的各种投入要素的稀缺性各不相同。例如，有些创业公司急缺资金，有些初创公司急缺技术人才等，那么，对于最迫切的、最稀缺的要素，创业团队就应该适当地放大其估值的比例。

公司的最初创始人是核心人物，他要在团队的发展中投入更多的时间、金钱、设施等，而时间作为最重要的投入要素，是创始人在创业过程中通过自己的实际工作，逐渐投入到创业公司中的。因此，创始人对公司的投入及其股权比例，很可能会因为个人的贡献不同而处于动态变动之中。

对大部分创业团队来讲，在创业初期最需要的是钱。因此在前期，创业团队在对资金的价值进行估值时，不一定要按1∶1的方式进行，还应将资金的估值放大一些，可以按照1∶1.5或者1∶2的方式对其进行估值。例如，甲在创业初期投入资金30万元，那么按照1∶2的方式进行估算的话，甲的实际投入资金就是60万元，创业团队在进行股份分配时，也要按照60万元进行价值估算。

除投入资金以外，有些合伙人还会进行实物投资或者以技术等要素入股。此时，创业团队也需要根据稀缺程度，对其投入要素的估值进行上浮。

另外，创业团队在进行投入要素估值时，最重要的就是对实物资产的估值。实物资产的投资通常被视为现金投资的另外一种形态。

对初创团队来讲，被认定为实物资产的投资至少应满足以下两个条件中的一个，如图6-6所示。

图6-6 实物资产的认定方式

实物资产应是创业团队主营业务的核心资产。例如，创业公司的核心项目是互联网,那么网站服务器就应是公司的核心资产。但是,如果某位合伙人为了员工热饭方便,从家里拿来了一个微波炉,那么微波炉就不能算是公司的核心资产。

实物资产必须是创业团队专门为经营而特意购买的产品。例如,公司经营需要计算机及一些必备的办公用品等。而如果合伙人从家里带来已经用过的这类产品,则不属于实物资产。因此,实物资产必须是合伙人专门为经营而购买的办公产品。

在确定好公司的实物资产以后,创业团队可以请专业的评估师,利用专业的计算方式对实物资产进行折算,而对于十分贵重的核心资产,也要将其估值进行适当上浮。

6.4.3 事先预估

股权事先预估法,就是在创业项目启动前,事先预估各个合伙人的综合投入价值,并据此预估各个合伙人的股权比例。下面我们以A、B、C三人的共同投资为例,用事先评估法来合理预估他们的股权占比。

A、B、C三人合伙开了一家柠檬饮料加工厂。在合伙创业时,A投入的是场地,折合为人民币后,其投资总额为30万元。B以技术要素入股,根据相关技术的生产力及当时的市场条件,折合为人民币后,其投资总额为25万元。C直接以金钱的方式投资,其投资总额为20万元。这样A、B、C三人的投资总额为75万。根据股权比例计算公式,我们可以得出A、B、C三人的股权比例分别为40%、33.4%和26.6%。

但是,在实际工作中,A、B、C三人各有所长。A负责饮料加工厂的整体运营,B负责饮料加工厂的人事管理,C负责饮料加工厂的原材料引进。而根据当时的市场行情,A的年薪应在15万元左右,B的年薪应在10万元左右,C的年薪应在8万元左右。由于是创业初期,公司没有其他的资金来源,因此我们对C的20万元资金进行了1.5倍加成处理。

因此，在创业的第一年，A、B、C三人的投入资本预估总额分别为45万元、35万元和38万元。这样3人的投资总额为118万元。根据股权比例计算公式，可以得出A、B、C三人的股权比例分别为38.1%、29.7%、32.2%。

预估法与静态的评估法相比，有着明显的优越性，前者既能够反映出各个合伙人的资本占比，又能够充分考虑他们对团队的贡献。这种预估方法较为公平，有利于充分调动各个合伙人的积极性。

6.4.4 定期评估

定期评估法是定期汇总每个创始人对公司做出的贡献，计算其截至某个时间点的投入及其估值，然后再计算各自投入的估值及其占总估值的比例，从而确定一套动态的股权比例。

例如，在某个计算机软件的创业项目中，甲、乙、丙三人共同创业。刚开始时，甲主动出力并负责创业公司的各项战略性事务，乙主要负责团队的日常事务性工作，丙主要负责投资。

在创业初期，甲、乙、丙三人都暂时不领工资。按照当时的市场条件，甲的年薪应该能够达到24万元，也就是说月薪2万元左右，乙的年薪应该能够达到12万元，即月薪1万元左右。而丙因为只负责投资，所以他当月的投资就是他的月薪，又由于公司处于创业前期，现金投资非常重要，应对丙的投资估值按原值的1.5倍计算。

因此，在公司运营的第一个月，甲理应得到的工资是2万元，然而创业公司没有付给他工资，所以甲第一个月的资本投入就是2万元；乙的工资理应是1万元，同样地，公司也没有付给他工资，所以乙第一个月的投入就是1万元；而丙在第一个月又花费了2万元用于购买创业项目，我们对其按1.5倍估值，丙在第一个月的实际投入资本就是3万元。

因此，甲、乙、丙三方在第一个月月底的投入分别是3万元、1万元和 3 万元，第一个月的总共投入估值为 7 万元。根据股权比例计算公式，我们可以得出甲、乙、丙三人在第一个月月底的股权比例分别为 42.9%、14.2%、42.9%。

以上只是一个简单的定期评估案例。创业公司也可以根据公司业务发展的需要，自行设置股权预估的计算周期，或选择每周计算一次，或选择一个季度计算一次。总之，随着各个合伙人投入资本的变化，他们各自的股权比例也会随之发生变化。

第7章

合伙财务的管理与监督：公开财务，收支透明

合伙创业团队在做好股权分配方案后，就需要对公司经营中的日常财务状况进行管理，因此，必须学习一些基础的、实用的财务知识。例如，要学会财务记账，懂得记账的一些基础方法；要能够看懂基础的财务三张报表；要了解合伙企业应该缴纳的税费等。本章我们将详细地为大家讲解合伙开办公司时常遇到的一些账务知识，使大家能够高效地进行财务的管理与监督。

7.1 财务记账

财务记账是公司财务管理的必修课,不仅专业的财会人员需要了解,合伙创业团队的创始人也应该做到心知肚明。想要透彻了解财务记账需要企业创始人懂得多方面的财务知识。例如,要知晓基本的财务术语,要懂得建立财务账户,要掌握实用的记账方法,要知晓会计凭证的基本事项,要学会对会计账簿进行分类整理等。

7.1.1 了解基本的财务术语

对于合伙创业来说,即便所有的合伙人都不负责做账,但也必须了解一些基本的财务术语。因为若会看财务报表,清楚报表、账簿中的内容来源后,我们即使不精通,但也不会轻易被人"忽悠"。在公司的日常财务管理中,我们需要了解一下7大常见的财务术语,如图7-1所示。

图 7-1 7 大常见的财务术语

第7章 合伙财务的管理与监督：公开财务，收支透明

术语1：现金流量

现金流量，顾名思义，就是指在一定时期内，现金及现金等价物的流入和流出的数量。因此，现金流量分为两种形式：一种是现金流入的数量；另一种是现金流出的数量。

现金流入活动一般由5种形式构成，分别是销售商品、提供劳务、出售固定资产、收回投资及接入资金。相应地，公司的现金流出活动也有5种形式构成，分别是购买商品、接受劳务、购买固定资产、现金投资及偿还债务。

现金流量是衡量公司资产变现能力的一个重要指标。一般而言，创业团队的财务状况越好，公司的现金净流量就越多，反之，财务状况越差，现金净流量越少。观察公司的现金流量，就能够判断公司的盈利能力，以及公司自身的融资潜力。各大银行一般也会通过企业的现金流量来衡量企业的发展实力。

术语2：总资产周转率

总资产周转率的计算公式如下：总资产周转率=（营业收入净额/平均资产总额）×100%

总资产周转率能够反映公司全部资产的管理质量和利用效率，同时也是考察公司资产运营效率的一项重要指标。一般而言，公司的资产周转率越高，表明其资产周转速度越快，销售能力越强，资产利用效率越高。

术语3：资产负债率

资产负债率的计算公式如下：

资产负债率=（负债总额/资产总额）×100%

资产负债率能够直接表明公司资产中债务所占的比重，同时也能够反映出公司财务状况的稳定程度。根据财务学观点，我国最理想的资产负债率是40%左右。一般而言，公司的资产负债率不能超过50%。

术语4：资金利润率

资金利润率的计算公式如下：资金利润率=【利润总额/（固定资产

平均总额＋定额流动资金平均占用额）】×100%

资金利润率能够反映出公司对所有经济资源运用的效率。一般而言，资金利润率的数值越高，反映公司资金的利用效果越好。根据资金利用率这一概念，我们能够及时地调整自己的投资行为。例如，当市场上的金价出现严重下跌时，资金利润率就会相应地下降，此时合伙人就可以将资金投入更有增长潜力的市场，最终获得更大的收益。

术语5：净利润率

净利润率的计算公式如下：

$$净利润率 =（净利润 / 主营业务收入）\times 100\%$$

净利润率能够计算出一定时期内公司业务的净利润与销售总额的比值。它主要反映企业获得税后利润的能力。由公式我们可以看出，如果合伙创业公司的净利润值大于主营业务的收入值，则表明该公司的净利润率上升，其盈利能力正在逐步增强。

术语6：机会成本

机会成本从公司经营上来讲，是指公司为了开发某项业务而放弃另一项业务的最大价值。例如，为了进一步提高公司的竞争力，创业团队就必须暂时放弃原有的开发方式，进行新的科研研究，开发出新的方式，促进产品的更新迭代。在这段时期，公司的机会成本就是在原有开发方式下的最大营业值。由此可见，机会成本并非公司实际产生的成本，而是公司在做出决策时不得不放弃的最高收益。

一般来讲，企业决策时的机会成本越小，其风险系数也就越小。创业者必须深刻理解机会成本这一概念，避开不必要的投资风险，选择最高价值的选项，最终为公司的发展做出最正确的决策。

术语7：资金的时间价值

在经济学领域，我们今天投入的一元钱与明天投入的一元钱，在价值上是不同的。例如，我们现在在银行账户中存入1万元，若年利率是2.5%，那么，一年后我们将会获得的收益总额是10 250元。这1万元在这一年内的资金时间价值就是 250 元。

资金的时间价值的最大意义在于，公司要善于运用资金，要投资那些有利润空间的项目，而不能将资金闲置。如果资金不参与任何增值活动，就不可能创造出时间价值，甚至还可能随着时间的推移，丧失其原有的价值。

以上 7 大财务术语，既反映了资本在运营中的各种作用，又反映出公司运营的整体状况。作为创业者，我们要善于根据这些财务术语反映出的财务数据，积极调整企业的生产运营行为，从而促进公司的长远发展。

7.1.2 会计科目与账户

会计科目与会计账户是我们从事财务工作时，必须记录的两个项目。会计账户简称账户，是用来全面、系统、连续地记录公司的日常经济业务，反映会计要素增减变动及其结果的工具。

会计科目与会计账户两者是相互依存的关系。会计科目是会计在设置账户以及进行账务处理时，必须要遵循的规则和章程；会计账户则能反映出会计科目的变化状况。

会计科目按照其反映的经济内容，可以划分为 5 大类，如图 7-2 所示。

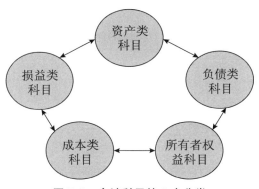

图 7-2 会计科目的 5 大分类

分类 1：资产类科目

资产类科目若再进一步细分，又能够划分为流动资产科目、固定资产科目、无形资产科目、长期股权投资科目及其他资产科目等。其中能够反映流动资产科目的类型主要有以下5种，分别是原材料、应收账款、银行存款、库存现金和库存商品等。

分类2：负债类科目

负债类科目若再进一步细分，又能够划分为流动负债和长期负债这两种科目类型。其中，长期负债类科目主要由长期借款科目和应付债券科目这两种形式构成；流动负债类科目则主要由应付账款、应付利息、应付利润及短期借款这四种类型构成。

分类3：所有者权益科目

所有者权益科目若再进一步细分，又能够划分为资本公积、本年利润、利润分配、实收资本及盈余公积5类小科目。

分类4：成本类科目

成本类科目的划分相对简单，主要是由生产成本及制造费用这两类小科目构成。

分类5：损益类科目

损益类科目若再进一步细分，又能够划分为主营业务成本、主营业务收入、其他业务成本与收入、销售管理费用及财务费用等几个小科目。

了解以上5种科目的分类，能够帮助我们对账目进行高效的分类整理，系统地、连续地进行账目记录，从而形成更全面、更系统的会计信息，供公司的创业团队参考。

7.1.3 记账方法

在设置会计账户之后，我们需要利用一定的记账方法，记录发生在账户中的各项经济业务。

记账方法是按照一定的原理、一定的记账符号以及记账规则，采用统一的计量单位，利用文字和数字信息在账簿中登记经济业务的方法。企业登记经济业务的方式不同,其记账方法也会有所不同。从整体来看,记账方法分为两大类,分别是单式记账法和复式记账法。具体分类如图7-3所示。

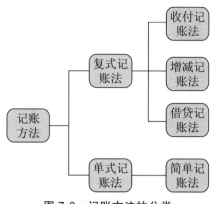

图7-3 记账方法的分类

其中单式记账法比较简单,只能够反映出现金的收付事项,而不能明确反映出债权以及债务的对象。总的来说,这是一种不完整的记账方法,只适用于小型的经济个体。

在复试记账法中,借贷记账法是被我国《公司会计准则》明确规定的一种记账方法。下面我们将从记账符号、账户结构以及记账规则这三个层面,全面介绍借贷记账法的内容。

首先,介绍借贷记账法的记账符号。借贷记账法的记账符号为"借"和"贷","借"和"贷"分别表示在经济业务中法人资产的增减变化情况。

"借"和"贷"只是表明记账的方向,即我们在利用借贷记账法,记录经济业务引起变动的金额时,我们都会用两个栏次来表示,一般而言,我们会把左边的金额栏记为"借方",把右边的金额栏记为"贷方"。

其次,介绍借贷记账法的账户结构。账户的结构比较多元,一般由记录经济业务的日期、凭证字号、内容摘要、金额的增减变化以及余额信息等项目构成。为了便于记账,以及简化多余的信息,我们一般会略去日期、摘要以及凭证字号等栏次。最终账户结构的外在形式会呈现出"T字形"的结构,如图7-4所示。

图 7-4　借贷记账法的"T 字形"账户结构

为了能更直观地表示各类账户的增减状况，我们用一个简单的图片进行说明，如图 7-5 所示。

图 7-5　"T 字形"账户记录内容

由图 7-5 可知，在借贷记账法"T 字形"账户结构中，借方表示资产增加、费用成本增加、负债减少、所有者权益减少，借方的期末余额就是资产余额。贷方表示负债增加、所有者权益增加，贷方的期末余额就是贷方的负债及所有者权益的余额总和。从整体来看，借贷记账法仍然遵循"有借必有贷、借贷必相等"的记账法则。

最后，借贷记账法的记账规则"有借必有贷，借贷必相等"，是借贷记账法应遵循的最核心的记账规则。在借贷记账法中，每一笔会计业务都会涉及一个或多个账户的借方或者贷方，同时，在所有的账户中，借方和贷方应在金额上一直保持相等。因此，在用借贷记账法记账时，我们必须要保持特定的应借与应贷的对应关系。

7.1.4　会计凭证

会计凭证是为登记会计账簿，根据一定格式编制的相关书面证明。会计凭证的功能实用且多元。例如，会计凭证能够记录每一笔经济业务，能够明确各个经济主体的经济责任，能够最终确保会计记录的真实性。

根据适用的经济业务来看，会计凭证又可被划分为两种，分别是专用记账凭证和通用记账凭证，如图 7-6 所示。

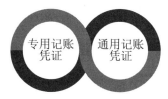

图 7-6　会计凭证的两种类型

顾名思义，专用记账凭证就是特意用来记录某一经济业务的书面证明。专用记账凭证又能够划分为三种不同的类型，分别是收款凭证、付款凭证及转账凭证。记账凭证的样本如图 7-7 所示。

记账凭证

年　月　日　　　　记字第　　号

摘要	会计科目		借方金额											贷方金额											记账
	总账科目	明细科目	亿	千	百	十	万	千	百	十	元	角	分	亿	千	百	十	万	千	百	十	元	角	分	√
附件　张	合计																								

会计主管：　　记账：　　审核：　　制证：

图 7-7　记账凭证的样本

收款凭证是记录货币资金收款业务的凭证，主要用来记录经济主体在银行的现金存款业务，是会计建立银行存款日记账、登记现金日记账、总分类账以及明细分类账等不同账簿的重要依据。收款凭证必须要根据现金及银行收款业务的原始凭证如实进行填制。

付款凭证与收款凭证正好相反，它是用来记录货币资金付款业务的凭证，也是会计建立银行存款日记账、登记现金日记账、总分类账以及明细分类账等不同账簿的重要依据，此外，也是出纳人员收付相关款项的依据。付款凭证能够有效地监督货币资金的使用，从而加强企业对货币资金的管理。当然，付款凭证也必须根据现金以及银行收款业务的原始凭证如实进行填制。

转账凭证是用来记录转账业务的凭证。转账凭证是会计建立总分类账以及明细分类账登记的重要依据。转账凭证必须根据相关的转账业务的原始凭证进行填制。转账凭证的实物样本如图7-8所示。

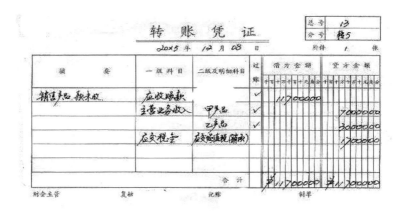

图 7-8 转账凭证的实物样本

通用记账凭证与专用记账凭证相对立，它没有细分，而是用一种统一的格式来记录全部的经济业务。一般而言，通用记账凭证适合经济业务相对简单的经济单位。

无论是哪一种记账凭证，最终目的都是要保证会计账簿的真实准确，方便公司下一步的财会管理。

7.1.5 会计账簿

会计凭证准备完毕后，会计人员就能够以此为依据，对公司内部的所有经济业务进行全面系统的整理，再对整理出的账目进行分类记录、核算、登记在册，从而形成系统化的会计账簿。

会计账簿简称为账簿，是由格式相对固定，但又相互联系的账页组成的。设置账簿并登记账簿是会计核算人员最重要的工作。做好会计账簿有利于加强创始团队的经济管理，提高财会处理的效率。

会计账簿有三种不同的分类方法，如图 7-9 所示。

图 7-9　会计账簿的 3 种不同分类

序时账簿又被称为日记账，它是按照团队内部各种经济业务发生时间的先后顺序逐日进行记录的一种账簿。创业团队在建设初期，必须要招聘专业的会计人员，认真核实每天的经济业务，仔细记账，从而保证账目的精准。

根据记录内容的不同，日记账又被划分为普通日记账和特种日记账这两种形式。

普通日记账是把团队内部每天发生的各类经济业务，不分性质只按其先后顺序进行编制的账簿。

特种日记账则是根据团队内部经济业务的性质，单独设置的账簿，例如，库存现金日记账、银行存款日记账等。

分类账簿是按照会计要素的类别进行设置的一种账簿，根据提供核算指标详细程度的差异，它被分为总分类账和明细分类账这两种形式。

总分类账又称为总账，其主要是用来登记团队内部的所有经济业务。明细分类账又被称为明细账，其主要是用来登记团队内部的某一类经济业务，为明细资料的核算提供依据。

备查账簿又被称为辅助账簿，其是对序时账簿和分类账簿的一种补充。当以上两种账簿无法详细地记录所有的经济业务事项时，备查账簿就可以及时补充登记，为团队内部的相关经济业务提供必要的参考资料。

这里需要我们特别注意的是，备查账簿没有统一的格式，也并非是一定要设置的账簿，会计要根据其工作的实际需要进行设置。常见的备查账簿有代销商品登记簿、租入固定资产登记簿等。

7.1.6 结算方式

结算方式是记录不同经济主体间经济往来，特别是款项收付的程序和方法。其中，经济往来包括商品交易、原材料交易、劳务供应以及债权债务清算等多种不同的交易类型。

结算方式的种类较多。按照支付手段划分，可以被划分为现金结算、票据转让和转账结算；按照结算的地点划分，可以被划分为同城结算、异地结算和国际结算。

其中，现金结算是交易双方直接用现金进行支付的一种结算方式；票据转让是交易双方通过给付的手段，证明相互间债权债务关系的一种结算方式；转账结算是交易双方通过银行或第三方支付平台，将相关款项从付款方账户划转到收款方账户的一种结算方式。

现如今，随着互联网的普及以及第三方支付平台功能的日益完善，转账结算的方式也被越来越多的人们所采用。在利用转账结算时，公司会计人员要及时将第三方支付平台与公司财务账号绑定，确保能够在第一时间收到款项的支出与收入信息，同时财务部门也要及时做好账务的统计管理工作，保证结算的准确高效。

7.2 看懂财务的三张报表

团队创始人虽然无须具备丰富深厚的财务知识，但至少要能看懂财务的三张报表，这三张报表分别是资产负债表、利润表以及现金流量表。

看懂这三张表,团队创始人便能够从宏观上把握公司的财务运营状况,从而在战略层面上对公司的运营做出相关的调整。在本节,我们将详细讲述财务的三张报表。

7.2.1 资产负债表

资产负债表又被称为公司的财务状况表,它主要是用来表示企业在一定时期内的财务状况。它是会计按照会计平衡原则,将符合原则的公司相关资产、负债及股东权益划分为资产和负债、股东权益两大板块,并以此统计公司财务状况而制成的报表。

资产负债表能够让投资人及相关机构在最短时间内了解企业的所有经营状况,还可以作为团队内部工作整顿、经营方向调整的依据。如果一家公司的资产负债表显示其财务状况良好,那么,这家公司就会非常容易吸引到优质的天使投资人,这对于创业初期企业的发展来说是一件极为有利的事情。

资产负债表由资产、负债及所有者权益三部分构成。其中,资产应当按照流动资产和非流动资产两大类别进行统计,同理,负债也应该按照流动负债和非流动负债的方式进行统计。

从制表格式上来看,资产负债表一般分为表头和正表两大部分。表头主要用于填写概括性信息,例如,经济项目的报表名称、经济项目的编制单位与编制日期、经济项目的报表编号以及计量单位等。资产负债表的表头,如表 7-1 所示。

表 7-1 资产负债表的表头信息

资产负债表		
单位:×× 有限公司	20×× 年 × 月 × 日	单位:元

如果说表头反映的是资产负债表的共性内容,那么正表则反映的是资产负债表的主体信息,会计人员在填写正表时,必须要明确标明有关

企业财务状况的各项指标。

账户式资产负债表是资产负债表正表的主要格式。在排列的形式上，其按照"资产＝负债＋所有者权益"的原理进行项目的排列，此外，其每个项目又被划分为"期末余额"和"年初余额"这两大分栏。

从整体上来看，账户式资产负债表呈现左右结构，左边表示团队内部的各项经济资产，右边则表示团队的负债和所有者权益。最终，资产的总和等于负债与所有者权益的相加。利用企业会计准则制作的资产负债表格，如表7-2所示。

表7-2 账户式资产负债表的正表

资产	期末余额	年初余额	负债和所有者权益	期末余额	年初余额
流动资产：			**流动负债：**		
货币资金			短期借款		
交易性金融资产			交易性金融负债		
应收票据			应付票据		
应收账款			应付账款		
预付款项			预收款项		
应收利息			应付职工薪酬		
应收股利			应交税费		
其他应收款			应付利息		
存货			应付股利		
一年内到期的非流动资产			其他应付款		
其他流动资产			一年内到期的非流动负债		
流动资产合计			其他流动负债		
非流动资产：			**流动负债合计**		
可供出售金融资产			**非流动负债：**		
持有至到期投资			长期借款		
长期应收款			应付债券		
长期股权投资			长期应付款		
投资性房地产			专项应付款		
固定资产			预计负债		
在建工程			递延所得税负债		
工程物资			其他非流动负债		

续表

资　　产	期末余额	年初余额	负债和所有者权益	期末余额	年初余额
固定资产清理			**非流动负债合计**		
生产性生物资产			**负债合计**		
油气资产			**所有者权益**		
无形资产			实收资本		
开发支出			资本公积		
商誉			减：库存股		
长期待摊费用			盈余公积		
递延所得税资产			未分配利润		
其他非流动资产			**所有者权益合计**		
非流动资产合计					
资产总计			**负债和所有者权益总计**		

由表 7-2 可知，账户式资产负债表的左方为资产项目，其大体分为流动性资产和非流动性资产两部分。流动性资产又被划分为货币资金、交易性金融资产、应收票据、应收账款、预付款项、应收利息、应收股利及其他应收款等多个部分，其中，对于交易性金融资产、应收票据等项目，会计人员应在排列上将其放在较为靠前的位置。

账户式资产负债表的右方为负债及所有者权益项目，该项目一般会按照偿还时间的先后顺序进行排列，一些类似于"短期借款""应付票据"及"应付账款"等需要在短期内进行偿还的流动负债会被排在前面；"长期借款""长期应付款"和"专项应付款"等非流动负债会被排在中间；而不需要偿还的所有者权益则会被排在最底部。

总的来说，账户式资产负债表中资产各项目的合计，与负债及所有者权益各项目的合计是对等关系，最终要保证左右账目对等，一一对应。账户式资产负债表能够清晰地反映出资产、负债及所有者权益之间的内在关系，即"资产 = 负债 + 所有者权益"。

资产负债表是会计人员在经过登录分录、过账及试算调整后，根据所得到的最后结果制成的报表。它体现了企业全部资产、负债与股东权益的对比关系，能够真实地反映公司的实际运营状况。

由于资产负债表是按照一定的分类标准，以及一定的次序排列编制而成的。对于企业来说，根据这份报表便能进行内部除错，寻找经营方向，消除企业经营弊端。除此之外，它还能让企业管理者以及相关审计人员清楚明了地了解企业的经营状况。因此，团队创始人要积极审核资产负债表，以便在第一时间洞察企业的财务状况。如果企业运营不利，也能够通过资产负债表及时找出原因，进而找到相应的解决方法。

7.2.2 利润表

利润表能够反映出创业团队在一定期间内的生产经营状况，而企业的经营状况无外乎有三种情况：盈利、亏损或平衡。因此，利润表又被称为损益表。损益表的内容包括一定时期内公司的销售成本、销售收入、经营费用及税收费用。总之，公司在一定时期内所创造的经营业绩都是损益表中的内容。

损益表与其他财务报表不同的是，它是一张动态的财务报表。对于公司的经营管理者来说，其能够从损益表中分析出利润增减变化的原因，进而做出相应的经济决策，它还可以作为公司经营成本的预算、投资价值评价等的依据。公司内部的利润表样本，如表7-3所示。

表7-3 公司内部的利润表样本

项　　目	本　期　金　额
一、营业收入	121 692 000
减：营业成本	71 100 000
营业税金及附加	295 638
销售费用	5 005 404
管理费用	6 860 400
财务费用	2 469 972
资产减值损失	4 308 534

续表

项　　目	本 期 金 额
加：公允价值变动净收益（损失以"-"号填列）	-156 000
投资净收益（损失以"-"号填列）	2 209 320
其中：对联营企业和合营企业的投资收益	
二、营业利润（亏损以"-"号填列）	33 705 372
加：营业外收入	2 718 000
减：营业外支出	1 150 800
其中：非流动资产处置净损失	990 000
三、利润总额（亏损总额以"-"号填列）	35 272 572
减：所得税费用	8 848 293
四、净利润（净亏损以"-"号填列）	26 424 279

由表7-3可知，利润表能全面反映出在特定时期内公司的各种收入、费用、成本及支出情况，从而帮助团队创始人判定企业的盈亏。

利润表的编制遵循"收入－费用＝利润"这一基本恒等式。要制作出公司的利润表，会计人员不仅要全面记录公司的营业收入状况，还要全面记录公司的营业支出状况及相关的各项费用，因此，利润表是公司收入、费用以及利润要素的表格化体现。从企业经营资金流动的角度来看，它还能够动态地反映企业的资金流向，是一种动态的会计报表。

利润表具有四个方面的优势，如表7-4所示。

表7-4　利润表的优势

利润表的优势	
优势1	解释、评价和预测企业的经营成果与获利能力
优势2	解释、评价和预测企业的偿债能力
优势3	为企业管理人员经营决策提供数据资料
优势4	评价和考核管理人员的绩效

首先，借助利润表，创业人员能够解释、评价和预测项目的经营成果及获利能力。例如，我们可以通过比较同一企业在不同时期的资产收益率、成本收益率等关键性指标，充分了解企业对经济资源的利用效率；

我们可以通过比较和分析企业的具体收益信息，充分知晓企业的收益增长规模及趋势。另外，若利润表提供的经营成果信息足够充分，团队创始人便可以综合评估企业的获利能力，从而决定是否继续追加投资，或者提高相关的投资份额和比例。

其次，借助利润表，创业人员能够解释、评价和预测公司的偿债能力。虽然利润表本身并不能够提供偿债能力的相关信息，但是其可以显示出公司的获利能力。而公司的偿债能力取决于公司的获利能力。如果一家公司的利润表数据显示该公司处于盈利状态，那么公司的偿债能力必然很强；相反，如果一家公司的利润表显示该公司连月亏损，甚至连年亏损，那么外界对于该公司偿债能力的评估必会受到影响。

再次，借助利润表，企业管理人员能够做出科学的经营决策。通过综合比较、分析收益表中各种要素的构成，不仅能够洞悉各项收入、费用及收益之间的消长趋势，还能够发现公司在管理运营方面存在的各种问题，并做出最合理的经营决策，弥补差距与不足，例如，进一步改善经营管理、尽量缩减开支、扩大营收等。

最后，借助利润表，创业人员可以综合评价考核相关人员的工作绩效。团队管理人员综合比较利润表前后期的各项收入、费用及收益的增减变化，能够较为客观地评价各职能部门的绩效，评判各个人员的工作得失，并及时对相关人员作出调整，使各项运营活动趋于合理，从而促进公司的高效运营。

7.2.3 现金流量表

现金流量表是财务报表中的第三大报表。它是企业在一定时期（一个月或者一个季度）内，其现金（包括银行存款）的增减变动情况表。也就是说，企业的经营、投资与筹资活动所产生的现金流入与现金流出，都能在现金流量表中反映出来。因此，通过现金流量表，企业管理人员可以看出，企业是否有足够资金来应付短时期内的所有运营开销。现金流量表的基本模型，如表7-5所示。

表7-5 现金流量表的基本模型

项　目	行　次	本年累计金额（元）	本月金额（元）
一、经营活动产生的现金流量			
销售产成品、商品、提供劳务收到的现金	1		
收到与其他经营活动有关的现金	2		
购买原材料、商品、接受劳务支付的现金	3		
支付的职工薪酬	4		
支付的税费	5		
支付与其他经营活动有关的现金	6		
经营活动产生的现金流量净额	7		
二、投资活动产生的现金流量			
收回短期投资、长期债券投资收到的现金	8		
取得投资收益收到的现金	9		
处置固定资产和无形资产收回的现金净额	10		
短期投资、长期债券投资和长期股权投资支付的现金	11		
取得投资收益收到的现金	12		
经营活动产生的现金流量净额	13		
三、筹资活动产生的现金流量净额			
取得借款收到的现金	14		
吸收投资者投资收到的现金	15		
偿还借款本金支付的现金	16		
偿还借款利息支付的现金	17		
分配利润支付的现金	18		
筹资活动产生的现金流量净额	19		
四、净现金增加额	20		
加：期初现金余额	21		
五、期末现金余额	22		

由表7-5可知，根据现金流量表，我们能够清晰地看出一家公司经营状况的健康与否。如果公司经营活动所产生的现金流不足以支付股利，也不能维持股本的生产能力。那么，这就表明这家公司的发展方式，或者运营状况出现了问题。

根据现金流量表中的资金用途，我们可以将其分为经营、投资和金融三种现金流量类型。

现金流量表是一个分析工具，它可以用来判断公司的短期生存能力，尤其是缴付账单的能力。与传统的损益表相比，现金流量表在对企业实现利润评价及反映财务状况方面，能发挥更直观的作用。

7.3 了解合伙企业应缴纳的税费

合伙企业作为重要的市场主体，其纳税问题同样不容忽视。合伙企业的创始人必须要了解企业应缴纳的税费，做到依法纳税。总的来说，合伙企业应比照个体户的相关税法来缴纳所得税，在纳税时要遵循"先分后税"的原则。本节我们将具体讲述与纳税相关的原则与细节问题。

7.3.1 比照个体户缴纳所得税

根据财政部国家税务总局159号文件，各类合伙企业在计算应缴所得税时，均应比照《个人所得税法》规定的"个体工商户的经营所得"条文，上缴所得税。《财政部国家税务总局关于合伙企业合伙人所得税问题的通知》，即159号文的内容如下。

根据《中华人民共和国企业所得税法》及其实施条例和《中华人民共和国个人所得税法》有关规定，现将合伙企业合伙人的所得税问题通知如下：

1.本通知所称合伙企业是指依照中国法律、行政法规成立的合伙企业。

2.合伙企业以每一个合伙人为纳税义务人。合伙企业合伙人是自然人的，缴纳个人所得税；合伙人是法人和其他组织的，缴纳企业所得税。

3. 合伙企业生产经营所得和其他所得采取"先分后税"的原则。

4. 合伙企业的合伙人按照下列原则确定应纳税所得额：

（1）合伙企业的合伙人以合伙企业的生产经营所得和其他所得，按照合伙协议约定的分配比例确定应纳税所得额。

（2）合伙协议未约定或者约定不明确的，以全部生产经营所得和其他所得，按照合伙人协商决定的分配比例确定应纳税所得额。

（3）协商不成的，以全部生产经营所得和其他所得，按照合伙人实缴出资比例确定应纳税所得额。

（4）无法确定出资比例的，以全部生产经营所得和其他所得，按照合伙人数量平均计算每个合伙人的应纳税所得额。合伙协议不得约定将全部利润分配给部分合伙人。

（5）合伙企业的合伙人是法人和其他组织的，合伙人在计算其缴纳企业所得税时，不得用合伙企业的亏损抵减其盈利。

我国的《个人所得税法》针对"个体工商户的经营所得"，设立了税率相对较低的优惠性超额累进税率。超额累进税率的税率范围为 5%～35%，其具体缴纳方法如表 7-6 所示。

表 7-6　个体工商户个人所得税率表

级数	含 税 级 距	不含税级距	税率(%)	速算扣除数
1	不超过 15 000 元的部分	不超过 14 250 元的部分	5	0
2	超过 15 000 元到 30 000 元的部分	超过 14 250 元到 27 750 元的部分	10	750
3	超过 30 000 元到 60 000 元的部分	超过 27 750 元到 51 750 元的部分	20	3 750
4	超过 60 000 元到 100 000 元的部分	超过 51 750 元到 79 750 元的部分	30	9 750
5	超过 100 000 元的部分	超过 79 750 元的部分	35	14 750

由表 7-6 可知，合伙人应按照个人所得税法规定的五级超额累进税率的应税项目，缴纳合伙企业所得税。

例如：2017年，冯先生和丰女士两人合资在济南市开了一家大型超市。年末结算时，该超市2017年的年利润为30万元。在向会计师黄先生咨询以后，二人得知了他们应缴纳的税款。

冯先生和丰女士2017年的年利润含税级距，因此在缴税时，其应按照含税级距的数据比例进行缴纳。具体算法如下：

2017年冯先生和丰女士应交的税款＝（300 000-100 000）×35%-14 750＝55 250元。

7.3.2 遵循"先分后税"

按照财政部国家税务总局159号文的第3条规定，国家税务部门对合伙企业生产经营所得和其他所得，采取"先分后税"的原则。

所谓"先分后税"的原则，就是税务部门先区分合伙人的性质，再根据其性质确定应上缴的所得税款。如果合伙企业中的合伙人是自然人，那么他就应上缴个人所得税；如果合伙企业中的合伙人是法人或者隶属其他组织，那么他就要上缴企业所得税。

这里我们用一个具体案例进行说明。

贝先生、钱先生和金先生在杭州市合伙开了一家企业，其中贝先生隶属于一家法人公司，而钱先生和金先生则属于自然人。在2017年期间，他们的合伙企业获得了1 000万元的盈利。

根据合伙协议，在三人中，贝先生占有40%的股份，钱先生和金先生分别各占有30%的股份。因此在分红时，贝先生获得了400万元，钱先生和金先生各得到了300万元。

那么，他们三人该如何上缴所得税呢？他们向当地的税务人员水先生做了咨询。

水先生向他们解释说："根据财税[2008]159号的规定，合伙企业生产经营所得和其他所得应采取"先分后税"的原则。合伙人是自然人的，缴纳个人所得税；合伙人是法人和其他组织的，缴纳企业所得税。同时，根据财税[2000]91号的相关规定，合伙企业中的合伙人均为法律上的纳税人。而每一个纳税人也应按个人所得税法规定，按照5%～35%的五级超额累进税率，缴纳合伙企业所得税。"

最终，按照"先分后税"的原则以及超额累进税率的上缴方法，水先生折算出来了这三位合伙人应该上缴的税额。

由于贝先生是法人，因此他上缴的税额为4 000 000×25%=1 000 000元。

钱先生和金先生是自然人，所以他们应该按照五级超额累进税率的方法缴纳税款。最终他们应缴纳的税额为3 000 000×35%-14 750=1 035 250元。

7.3.3 企业本身不纳税，由合伙人缴纳

在国内，合伙企业的纳税问题一直存在一个误区，有些合伙人认为合伙制企业无须缴税。从公平负税和防止偷漏税角度来看，合伙企业不纳税绝对是违法的行为，也是对其他类型企业的绝对不公。

目前，国家根据合伙企业的不同特点，设置了3种合伙企业税制模式，如图7-10所示。

图7-10 合伙企业税制的3种模式

在合伙企业尚未发展成为独立实体的时候，一般采用非实体纳税模式，在这一模式下，合伙企业被作为纳税主体来看待；在合伙企业已经发展成为独立实体的时候，一般采用实体纳税模式，在这一模式下，合伙企业被作为独立纳税主体来看待；而准实体纳税模式介于实体模式与

非实体模式之间，在这一模式下，合伙企业虽然不被作为独立纳税主体看待，但是需要按照"先分后税"的原则以及超额累进税率的上缴方法，核算出各个合伙人的应纳税额度。

我国的《合伙企业法》明确规定，合伙企业已经不再是单纯的"伙伴关系"，而是作为准法人实体存在。一般而言，准法人实体都拥有相对独立的财产权。因此，财税[2000]91号文明确规定，我国的所有合伙企业均采取准实体纳税模式。

91号文的规定内容如下：

（1）合伙企业以每一个合伙人为纳税义务人；

（2）合伙企业应当将每一纳税年度的收入总额，减除成本、费用以及损失后的余额，作为投资者个人的生产经营所得；

（3）生产经营所得包括企业分配给投资者个人的所得和企业当年留存的所得（利润）；

（4）合伙企业生产经营所得和其他所得采取"先分后税"的原则；

（5）合伙人是法人和其他组织的，在计算其缴纳企业所得税时，不得用合伙企业的亏损抵减其盈利。

因此，根据法规条款，合伙人企业必须缴纳相关的税款，做到依法纳税，主动杜绝各种逃税漏税行为。

第8章

合伙企业的激励机制：挖掘参与者潜力

合伙人在一起创业时，不仅要处理好利益问题，还要处理好日常合作问题、情感问题及团队激励问题。如果创业团队能构建出有效的激励机制，就能让员工自发努力奋斗，开拓进取。如果无论员工工作业绩如何，都只是让其拿到固定的工资，则很容易会让其变得对工作懈怠，丧失进取心。

因此，善于利用激励机制的合伙企业往往会发展得更顺利。那么，在进行激励的过程中，创业团队要考虑哪些具体的要素？要用到哪些科学的方法？又会遇到哪些难以避免的问题呢？本章我们将对以上问题做出科学的解答。

8.1 激励要考虑的因素

如果公司为员工制定了科学的激励制度，那么员工往往会为了达得某项激励条件而努力工作，这样员工的工作积极性就得到了很好的调动。

在制定激励制度时，创业团队需要考虑四个要素，分别是制定明确的激励目标、讲究科学的激励方法、选择合适的激励时间及确定合适的激励对象。只有真正掌握这些激励技巧，创业团队才能够以一带十，激发团队的活力，从而促使企业得到又好又快的发展。

8.1.1 定目标：企业和各部门的目标

目标激励是以设置目标的方式引导、激发员工工作动力的行为。这种方法能使员工的个人目标与公司目标紧密地联系在一起，激励员工的积极性、主动性和创造性。

在目标激励中，目标是一种诱引，具有激励和导向的作用。采用目标激励法时，公司应为每个员工设定适当的目标和目标奖励，以此来激发员工的工作动力，达到调动工作积极性的目的。

2015年，靳凌华与其他四人在石家庄合伙开了一家大型服装店。该服装店的主营产品是面向中低端消费人群的各类服饰、鞋帽、箱包等。

由于其定位是"百姓衣装"，商品物美价廉，因此，在前两年取得了很不错的成绩。可是，到了2017年年初，该服装店的发展遇到"瓶颈"，店内的销售人员人心涣散，纷纷跳槽，销售业绩也异常惨淡。

针对这一情况，靳凌华制定了一套激励制度。他与其他四个合伙人商议，如果服装店的营业额能够保持每月20%的增长，那么他们就会给予做出贡献的销售员工更高的薪资，将其原来的提成翻番，同时给予出国旅游的奖励。

他用这样的方法留住了三名优秀的女销售员。而这三名销售员又一针见血地向靳凌华提出了建议，她们说，服装店生意不好，激励欠缺只是一部分原因，另一部分原因在于其产品定位已跟不上时代的潮流，亟须改变。她们认为，在新时代，人们的生活水平提高了，大家更喜欢有个性的、时尚的服装，而不再仅仅需要廉价的衣服。

于是，靳凌华听取了她们的意见，引进了许多时尚、高端、深受年轻人喜爱的服装，由于自己的建议被采纳，三名销售员的工作热情也被充分调动了起来。到了2018年年中时，其服装店的营业额节节攀升，早已超过停滞增长前的最高水平，三名女销售员工的待遇也因此得到了很大的提升，都成了该服装店的营销主管。

创业团队在发展的过程中，难免会遇到一些挫折，而遇到挫折的时候往往也是企业发展的关键时期。创业团队在这一时期制定激励目标，可以通过激励手段来有效激发员工的积极性，帮助企业扭转局面，突破发展的"瓶颈"，渡过难关。

8.1.2 定方法：讲究方法，制定激励机制

激励员工的方法主要有两种：一种是现金激励法；另一种是非现金激励法，其也被称为精神激励法。

现金激励法的方式有很多，例如：提高基本工资、提高岗位津贴、提高业绩奖金、股票分红及给予员工更多的现金福利。非现金激励法的方式也很多，如给予优秀员工更多的休假与礼品、给予他们更多的培养

与提升、给予他们更多的荣誉和人文关怀等。

合伙团队在激励员工时，除了要积极运用以上两种方法，还要制定科学合理的员工激励机制。科学合理的员工激励机制的内容，如图8-1所示。

1	榜样激励
2	负激励
3	危机激励

图8-1 员工激励机制的3项内容

首先，合伙团队必须要学会榜样激励法。榜样激励法是指公司对那些在工作中成绩优异、有突出贡献的员工或集体给予物质或者口头上的肯定和表扬，让其发挥模范带头作用，引导其他员工学习效仿，从而激发员工工作积极性的方法。

榜样激励法除了要在员工中树立一个行为标杆以外，公司领导者也要以身作则，以自身的行动来为员工树立一个行为标杆。

其次，合伙团队应该学会在合适的时机，采用适当的负激励方法。与榜样激励法相反，负激励法是指当员工的行为不符合公司要求时，公司应给予其一定的惩罚，以儆效尤。负激励法的具体手段包括淘汰、批评、罚款、降职和开除激励等。负激励法能有效遏制、消除公司内部的一些歪风邪气，杜绝员工在工作中出现的一些不当行为。

由于一味地正向激励，往往会使员工产生骄傲自满的情绪，因此公司管理人员适当采取一些负激励，可以使员工保持清醒的头脑和严谨规范的工作作风。

但是，从现代企业管理理论和实践来看，负激励机制不宜被长期使用。公司在进行员工激励过程中，对其正面激励应远大于负面激励。

最后，在公司发展的危急关头，合伙团队要学会利用危机激励的方法，激发团队的斗志，激起团队的活力。危机激励要求公司领导要适时向员工灌输危机观念，比如，公司领导可以告诉员工公司目前运营中遇到的困难，或者员工所在部门目前遇到的问题，或者其他优秀员工的业绩水平等，让员工感觉到其他内部人员可能会超越自己，体会到竞争的压力，从而使其更加努力的工作。

适当采用危机激励法，能使员工真正感受到危机感和紧迫感，能唤起每一位员工心中的危机意识，使其为避免被淘汰而努力工作。这时，公司管理人员若再提出一些新的目标与要求，就会让员工与公司紧密配合，从而利用员工的干劲推动公司的发展。

8.1.3 定时间：什么时候激励最合适

创业团队不仅要懂得员工激励的方法，还要准确掌握员工激励的时机。若激励时机准确，就能把激励的效果发挥到最大，如果激励时机不对，对于员工来讲也无异于大饼充饥，可能根本就激不起他们的斗志。

其实，合伙团队在公司发展的每个阶段都需要进行员工激励，只是在各个阶段的激励重点应有所不同。具体来看，员工激励大体分为以下4个时期，如图8-2所示。

图8-2 员工激励的4个时期

阶段一：合伙创业初始阶段

在这一阶段，合伙团队主要是激励创业核心人物，其激励方式要以股权激励为主。因为在这一时期，公司最需要的是有足够的拼劲、能全身心投入到工作中的员工。

股权激励是鼓舞员工干劲的灵丹妙药，能够让合伙人心无旁骛地投入工作，提高团队的战斗力。另外，在创业初始阶段，公司往往没有充足的资金吸引优秀人才，股权激励也可以作为一个诱人的筹码，吸引关键人才的加入。

阶段二：创业团队快速发展阶段

此时，企业处于上升阶段，需要进一步扩张和发展，而更好的发展是离不开核心人才的。因此，在这一阶段，公司要利用物质激励的方法，留住老员工，同时引进优秀的新员工，进一步壮大企业的力量，从而实现企业的快速发展。

阶段三：创业团队成熟稳定阶段

在成熟稳定阶段，企业要更积极地提升自动运转效率，释放出更大的能量。为了达到这一效果，创业团队内部需要更多的分享与合作。因此，在这一阶段，公司不仅要利用物质激励的方法，还要利用精神激励法，提升团队内部人员的主人翁精神，使他们真正地与团队融为一体，为团队做出更多的贡献。

阶段四：融资扩张阶段

当企业的规模进一步扩大，发展有了质的飞越，就必须要给优秀的员工，特别是优秀的老员工一定的股权激励。因为这样的方法不仅能够凝聚老员工的心，还能够让新员工看到未来发展的希望，从而为公司储备一批优秀的核心员工，增强企业的凝聚力和向心力。有了人才和优秀的团队，再加上之前积累的财富与经验，这样的企业必然又会吸引一些优秀的投资人来投资，最终，又会促使企业得到进一步发展。

以上四个阶段都是创业团队积极进行激励的最佳时机。在这些阶段中，团队创始人员要学会分享，分享金钱、分享成果，虽然不一定要分享很多，但一定要让员工看到公司的诚意。如果公司创始人平时一毛不拔，是一个"铁公鸡"，那么当其发展遇到"寒冬"时，再打算以股权激励，恐怕也很难达到应有的效果。

综上所述,创业团队要想有好的激励效果,就必须找准时机,要在公司发展的各个阶段,利用最合适的激励方法,鼓舞员工干劲,吸引更多优秀的员工,为公司创造更多的财富。

8.1.4 定对象:激励哪些人

在进行员工激励时,我们不应盲目地、平均地对每一个员工都做激励,而是要把激励这一宝贵的资源用在刀刃上,用在最合适的人身上。我们要通过激励手段,把创业团队内部的高管和核心人员连接在一起,形成利益共同体,从而为团队创造更多的财富。

总的来说,合伙团队在激励员工时,要重点关注以下3类员工,如图8-3所示。

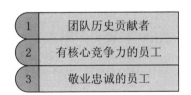

图8-3 合伙团队重点奖励的3类员工

首先,我们要重点激励已经为团队做出贡献的人才。这些人才在企业初创的最困难阶段,为企业的发展奠定基础,积累经验。对于这些员工,团队创始人要积极激励。这样做,一方面可以让做出贡献的人认同自己的价值;另一方面也能够激励公司的其他员工,提高他们的责任感与忠诚度,有利于团队的团结稳定。

其次,我们要激励具有核心竞争力的员工。所谓员工的核心竞争力,就是员工的专业素养和一技之长,能够凭借这些技术为公司做出贡献。例如,有的员工擅长做电话销售,他总是能够为公司联系到新的客户;

有的员工擅长做产品开发，有着很强的技术研发能力，他总是能够帮助公司实现产品升级，保持活力，提高产品的竞争力；有的员工适合做客服维护，他总是能够在各种客服活动中，维护好与顾客的感情，提升客户的留存率。

对于这类有特殊才能、能够为企业带来利润的员工，创业团队一定不要吝惜资金，要为他们提供更好的激励措施，让他们享受工作，感受到团队对他们的重视，从而进一步让这些人在公司发光发热，为团队带来更多的价值。

最后，对于敬业忠诚的员工，我们也要给予相应的物质激励和精神激励。俗语有云，"栽下梧桐树，引来金凤凰。"敬业忠诚的员工就是公司的"梧桐树"。

也许一些敬业的员工没有特殊才能，但是他们任劳任怨，是公司高层决策的坚定执行者。如果没有他们的认真执行，那么再好的决策也只能是纸上谈兵。因此，如果一个团队重视敬业忠诚的员工，那么就会鼓励团结更多的员工，增强团队凝聚力，形成良好的团队风气，为公司发展贡献力量。

8.2 六种实用的激励方法

企业的激励机制只是在制度层面为员工提供保障，而要想让员工真正地得到实惠，关键在于要采用实用的激励方法。本节我们主要为大家介绍 6 种实用的激励方法。分别是加法激励、减法激励、福利激励、表彰激励、按揭激励及分红激励。每一种激励方法都有其特定的适用条件，创业团队要根据公司发展的实际情况，选择最合适的激励方法。

8.2.1 做加法：用超额部分奖励

在进行优秀员工激励时，创业团队要善于利用加法法则。所谓"加法法则"，是指公司对于员工超额完成的部分，要进行加倍奖励。这种激励方法主要适用于公司的销售人员或者销售部门。

例如，某个笔记本电脑销售公司为员工设定的销售任务量是每月100台。对于该公司的员工李江来说，如果他本月完成任务，那么他将会得到公司的固有提成，而如果他本月的销售量达到120台，那么，这超额完成的20台，就会使他得到的提成变为固有提成的2倍。如果他的销售量达到150台，那么他再次超额完成的30台则又会使其提成变为原来的3倍。

2018年，一台适合中档消费人群的Dell笔记本电脑的售价约为5 000元。如果当月李江的销售量达到了100台，那么当月他的工资就是基本工资加固定提成。假设，李江的基本工资是3 000元，他每卖每一台笔记本电脑所得的提成是5 000×0.5%，那么他当月的工资总额就是5 500元。（算法如下：3 000+5 000×0.5%×100=5 500元）

如果他当月销售了120台，那么当月他的工资总额就为6 500元。（算法如下：5 500+5 000×1%×20=6 500元）

如果他当月销售了150台，那么当月他的工资总额就为8 650元。（算法如下：6 500+5 000×1.5%×30=8 650元）

这样的激励方法能够最大限度地激发团队销售人员的激情与活力，促使他们发挥最大的潜能，以求销售出去更多的产品，从而获得更高的收入。

但是，创业团队在使用这种方法时也要适度，同时也要将其与精神激励相联系。销售人员在工作初期往往最看中物质利益，而当其在公司工作一段时间后，就会与团队成员建立紧密的联系，对公司的感情也会日益加强。此时，物质激励就已经很难达到原有的效果，创业团队就需要给予优秀员工更多的精神奖励。

8.2.2 做减法：将省下来的资金当奖励

减法奖励其实与加法奖励的含义是一致的。加法奖励的最终目的是提高销量，而减法奖励则更注重降低成本与各类消耗。无论加法奖励，还是减法奖励，其目的都是为合伙企业创造更多的财富。

减法激励适用于发展到"瓶颈"期的公司，此时公司的销售额上不去，而成本却居高不下，面对这一问题，创业团队只有依靠降低成本，寻求公司发展的出路。

具体做法是，创业团队详细考核公司的各项成本，尽量减少不必要的成本支出，然后计算出最低成本系数，再根据最低成本系数来控制成本，从而省出一部分资金。这部分资金就可以用来激励那些为公司节省成本做出贡献的人。

安徽一家制造型的合伙企业，在2017年平均每月耗费的成本高达100万元，这其中包括员工的工资、企业的水电费、厂房租金以及各种原材料费用等。成本居高不下，使企业发展陷入了困境。

2018年年初，公司聘请了一名经管人员帮助其核算成本。经过周密的计算，该经管人员发现公司成本能被进一步缩减。例如，减少原材料浪费，二次利用丢弃的边角废料，减少开支，建立严密的规章制度，培养员工节约水电的意识，合理规划出差费用等。

采用这样的方法，可使公司每月节省成本10万元。而对于这10万元，合伙团队的创始人员并没有将其揣进自己的兜里，而是从中拿出一部分用于员工奖励，奖励那些严格执行新规定的人员，从而充分调动了员工自觉节约成本的积极性，实现了企业的发展。

这种减法激励机制，既能够为公司节约成本，又能够奖励员工，还能够培养员工的工作习惯，促使其规范化生产，可谓是一举多得。

8.2.3 给福利：行政后勤人员不要忘记

公司的福利待遇高，员工的幸福指数就会高，而员工的幸福指数高，企业就能够留下人才，从而进一步壮大团队的规模，取得更快的发展。可是有些创业团队往往只关注核心人员的福利待遇，对那些做服务型工作的人员却缺乏关注，这样可能会导致这些员工心生不满，消极怠工，这对团队内部的和谐是很不利的。因此，创业团队在给员工发放福利时，既要关注核心人员，也要特别关注行政后勤等服务型人员。

2015年，莫文、李铁和姜义三人在大连合伙开了一家中考学子培训班。这三个人都有丰富的学科知识和培训经验，因此，经过他们培训的学生，学习成绩都会得到很大的提高，在2016年中考，不少由他们培训的学生都考上了当地的重点高中。

在名气打响后，参加培训的学生便越来越多，培训班的人手不够了，于是他们三人便扩大了规模，招聘了一些老师和相关管理人员，同时也扩大了教学场地，优化了教学环境。

到了2017年中考，他们的教育团队又不出意外地再创佳绩，可是，在2017年年末，却发生了令人意想不到的事情，他们招聘来的三位教务老师（负责课表安排、后勤管理及家长沟通工作），纷纷申请离职。

莫文、李铁和姜义都很疑惑，便询问他们离职的原因。

原来，莫文、李铁和姜义在给老师们发放年终福利时，出现了明显的不均现象。中国有句俗语"不患寡而患不均"。他们给负责培训的老师每人发放了6 000元的年终奖，还多给了他们5天的旅游带薪年假，却只给三位教务老师区区2 000元的年终奖金。三位教务老师因此感到十分不满。

莫文向他们解释原因："培训老师付出的时间更多，花费的心血也更大，理应得到更丰厚的福利待遇，这没有什么不公平的。"

可一位教务老师却说："我们并不是眼红，只是觉得不合理。培训老师有额外的假期我们可以接受，但是他们的奖金是我们的 3 倍，这是我们绝对没法接受的。他们确实是在备课与教课上花费了很多心血，但是我们也没闲着，我们忙着处理各类教务问题，也忙着与家长沟通。即使我们拿不到 6 000 元的年终奖，至少也要拿 4 000 元。"

在了解到他们的想法后，莫文认为他之前的做法确实不太合理，便及时给他们调整了奖金福利。在这件事情顺利解决后，三位教务老师在工作上也更加积极了。2018 年中考的时候，他们的学员又取得了很好的成绩，他们的培训机构在当地也发展得越来越好。

这个案例充分说明，创业团队在分发福利待遇时，要做到相对公平，并且要多注意行政后勤人员的心理感受。只有做到相对公平，才会使员工更加团结，以便发挥他们各自的力量，达到"众人拾柴火焰高"的效果。

8.2.4 做表彰：给最优秀的人大奖

根据二八法则，企业 80% 的财富主要由 20% 的优秀员工创造。因此，创业团队在进行福利分成或者做表彰时，要给最优秀的员工最大的奖项，在做表彰时，创业团队不仅仅要给予他们丰厚的物质报酬，还要给予他们光荣的名誉称号，这样才能够进一步激发他们的斗志，同时也会为其他员工树立榜样。

2016 年，五个创业者在深圳合伙创立了一家智能电子器械厂，该厂的主要业务是为智能设备提供原材料，进行电子产品的设计、加工与维修。

短短两年时间，该厂发展势头便突飞猛进，效益得到了飞速提升，而这都与该厂的激励机制有着莫大的联系。该厂的创业团队认为，团队要壮大，必须要给予最有才干的营销人员和产品设计以及维护人员足够的奖励。

因此，在进行每年的年终表彰时，他们总是会奖励团队中最优秀的人才，同时又激励更多的员工为获得奖励，发奋工作。通过良性循环，该公司的优秀销售员工、电子产品设计员工以及客服管理人员越来越多，公司人才济济，也使得公司的竞争力和口碑都得到了很大的提升。

奖励最优秀员工的做法适合于任何合伙制企业。如果公司的定位是销售型公司，那么创业团队就该给优秀的销售人员更多的奖励；如果公司的定位是出版型公司，那么创业团队就该给最优秀的编辑最好的奖励；如果公司的定位是一家服务咨询公司，那么创业团队就该给最有能力的咨询顾问最高的奖励；如果公司的定位是科技型公司，那么创业团队就该给技术能力最强的研发员工最高的奖励。

8.2.5 给按揭：用未来的筹码换得今天的回报

按揭式激励机制是创业团队通过给优秀员工设定美好目标的方式，激励其努力工作，为企业的发展发光发热。

2010年，李晓和三个合伙人在北京创办了一家文化公司。随着业务的发展，公司进入了上升期，需要扩大规模，引进人才。通过查阅简历，该创业团队选定了一位名叫荆明的人才。

又经过一些考核，创业团队对荆明的技术能力非常满意，然而由于公司处于初创阶段，资金并不充足，无法给其太高的待遇。为了留住荆明，创业团队经过商议，主动提出要帮助他解决在北京的住房问题。

他们的具体做法是这样的，先在北京为荆明租了一套适宜的房子，同时向他承诺，如果他能够在公司任职满3年，那么公司就将为他在北京五环买房付首付，而房贷则由他自己承担，如果他能够再继续为公司效力5年，那么剩余的房贷则全部由公司负责。

荆明认为这样的承诺很有诚意，于是便和这家公司签订了合同，其在职期间，总是兢兢业业，任劳任怨，发光发热，为公司的发展做了很大的贡献。

3年后，也就是2013年，创业团队履行承诺，在北京五环为他买房付了首付。

荆明认为公司信守承诺，便与公司续签了合同，又继续为公司效力了5年。在这5年期间，他不仅工作更加努力，而且也积累了更为丰富的管理经验，为公司培养了一批优秀的人才。

5年后，也就是2018年，公司已经得到了长远的发展，财力雄厚，创业团队也因此一次性为荆明付清了所有房贷。

8年的努力工作使荆明成了公司的功臣和不可多得的良才，因此，公司的创始人李晓便盛情邀请他做公司的合伙人。从此，荆明也成了公司的股东，一心一意为公司创造更多的财富。

按揭式激励机制要求创业团队言出必践，信守承诺，因此，创业团队要综合考虑公司未来的发展状况，全面审核被激励员工的综合素质，而后再慎重做出激励决定。

如果这两项都无法保证，那么按揭式激励就是空谈，不仅不能留住人才，还会给企业的形象带来不好的影响。

8.2.6 给分红：用内部合伙人分红留住人才

公司若要进一步壮大，想留住更多的人才，取得规模化的效益，就必须采取内部合伙人分红激励的方法。内部合伙人分红激励，就是保证核心员工都可以购买公司的部分股份，使公司创造的收益由团体共享。

南京的一家科技公司近来遇到了资金不足的问题，但该公司没有通过银行贷款的方法获得资金，而是采用内部合伙人分红的制度。公司在其员工中挑出了1/5员工，这1/5员工都是公司的核心骨干，公司鼓励他们购买内部股份，而最终的收益由所有合伙人共享。

这种分红激励机制得到了优秀员工的一致认可：一方面缓解了公司发展遇到的资金不足的问题；另一方面也提升了员工的主人翁精神，使他们工作更加团结，更加努力。随后，这家科技公司的业绩也节节攀升，公司利润越来越大，最终实现了规模的扩张，成功度过了发展的"瓶颈"期。

在使用分红激励的方法时，创业团队要注意筛选出最优秀的合伙员工。一般来讲，优秀的合伙员工应当满足以下6个条件，如图8-4所示。

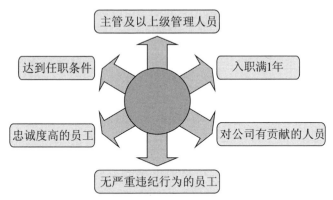

图 8-4 优质合伙员工应满足的 6 个条件

只要员工满足以上6个条件，创业团队就可以考虑把该员工作为公司的核心员工，在公司发展的关键时刻，给予他们适当的股份，让他们享受到公司发展带来的成果。

8.3 激励要注意的问题

在进行员工激励时，创业团队要特别注意以下两个问题：一是除了要给予员工物质激励外，还要更加注重给予他们精神激励；二是要平衡员工奖励与企业风险，以便公司能得到平稳发展。

8.3.1 物质激励外更要注重精神激励

物质激励对员工的激励作用是显而易见的。如今，房价高、物价高，如果得不到充足的资金，企业员工就很难维持自己的生计，如果连生计都维持不了，又谈何发展，谈何为企业做出更大的贡献。因此，创业团队先要给予员工物质激励，保证其生活，并激发其努力工作，创造财富的积极性。而当物质激励达到一定阶段后，创业团队就要注重员工的精神激励了。

人既是理性的，也是感性的。如果一个人每天都讲物质，只谈衣食住行与金钱，那么他的生活就会很单调。此外，金钱的多少也与人们的幸福指数有着微妙的联系。

在最初，一个人的财富逐渐增加时，他的幸福指数也会随之增加，然而当其财富达到一定程度后，他的幸福指数就不会再继续上升，反而会呈现逐渐下滑的趋势。这就是我们常说的"金钱买不到幸福"。

其实，让员工获得幸福感的因素有很多，金钱只是其中之一。例如，企业的工作氛围、员工互相信任、互帮互助及共同成长的过程都能够成为其幸福感的来源。

物质激励和精神激励是一对矛盾统一体，两者相辅相成、互相促进。如果企业缺少了精神激励，那么，纯粹的物质激励就很难在短期内调动员工的创造性。

而且物质激励还存在一定的缺陷。美国管理学家汤姆·彼得斯说："重赏会带来副作用，它会使大家彼此封锁消息，影响工作的正常开展。而精神激励是在较高层次上调动职工的工作积极性，其激励深度大，维持时间也较长。在物质激励不可能完全到位的情况下，有效的精神激励可缓解某些特定时期员工的内心不平衡。"

因此，创业团队的领导人员要在物质激励的基础上，为员工创造一个良好的环境，进一步激发员工的潜能，从而促进公司的长远发展。

8.3.2 平衡奖励与风险

对于一些业务简单，且利润又较高的企业来说，为了获取高额的利润，往往会盲目地提升员工奖励而不顾企业将来有可能会遇到的风险。为了避免这种情况发生，创业团队在设置奖励机制时，必须要平衡奖励与风险之间的关系，促进企业良性发展。

2016年，张靓、李溪和田甜三人在西安合伙开了一家高档女士化妆品专卖店。由于当时这类高档化妆品店并不多，因此，该店很快就受到了一大批喜欢打扮的都市白领女性的青睐。

仅仅一年，该化妆品店的销售利润就已经超过了预期。为了吸引更多的消费者，她们优化了店面的内部环境，增加了一些销售人员，特别是调整了销售人员的奖励机制。

这个奖励机制的内容是：只要销售人员能够成功吸引到一名新客户，那么她的提成就会由原来的1%提升到5%。例如，一套高档韩束女士化妆套装的市场价为6 300元，如果销售人员将其卖给老客户，那么她就只能得到63元的提成，但是如果把同样的产品卖给新客户，那么她就可以得到315元的提成。

在金钱利益的诱惑下，销售人员都纷纷去争取新客户，对新客户热情相待，不惜花费更多的精力和成本，而面对那些易于维护的老客户，则显得漫不经心，甚至有时会怠慢她们。这样就违背了销售规律，殊不知新客户多数只是抱着体验的心理，在店内试妆，未必会成为公司的核心用户，而老客户才是公司真正的核心用户。

在这种本末倒置的激励方式下，不仅该店新客户拓展的不多，老客户反而却大量流失。最终，在2018年上半年，公司的营业额直线下降，相应地，销售员工的工资及绩效奖金也泡汤了。

这一案例充分说明，好的员工激励制度必须与公司可能会遇到的风险相平衡。如果不平衡，对公司与员工而言，都会是一场灾难。公司的发展受到影响，员工的福利待遇也会因此而受到严重损害。

第9章

合伙制企业问题处理

合伙制企业在建立、生存及发展的过程中,难免会遇到各类问题,特别是企业的合伙人难免会因经济、权利等问题发生一些争执。出现这些问题并不可怕,可怕的是合伙人不知该如何处理,最终导致问题扩大,影响合伙企业的发展。本章我们将详细地为大家讲解合伙制企业常遇到的问题,以及解决相关问题的办法。

9.1 与合伙人合作的问题

企业的各个合伙人在合作过程中,会产生诸多千奇百怪的问题,而一般来说,这些问题的核心都是涉及利益分配和公司的经营发展。

在这两大核心问题中,合伙人要特别注意以下三个问题:合伙人不出钱的问题,合伙人不参与经营管理的问题以及合伙人缺乏能力的问题。如果能够妥善处理好这三个问题,就会为公司的发展扫清许多障碍。

9.1.1 合伙人不出钱

《民通意见》对于合伙人出不出钱的问题有着明确的表述。详见第四十六条,内容如下:"公民按照协议提供资金或者实物,并约定参与合伙盈余分配,但不参与合伙经营、劳动的,或者提供技术性劳务而不提供资金、实物,但约定参与盈余分配的,视为合伙人。"

由此可见,合伙人虽不出钱,但是却提供技术性劳务,我们仍然要将其视为合伙人。但是,在艰辛的创业过程中,我们还是要提防那些不愿意出钱入股,只愿意提供技术性劳务入股的合伙人。

当前,有一些合伙人凭借自己的能力或技术入股后,总是一味考虑自己的利益,而不顾公司大局。赚钱时,他们坐享其成,亏本时,他们就会中途退股,逃之夭夭。因为他们入的是技术股份,即便退股,也不会损失太多的真金白银。然而,对于公司和那些出资的合伙人来讲,技术入股的合伙人的背信弃义对他们来说无疑是重大的打击。

2017年，上海的张先生想要找人合伙开一家医药销售公司，由于急缺医药销售人才。因此，他便通过一些渠道刊登广告，颇下了一番功夫，才找到了专业的销售人员邱先生。

邱先生是一名海归，还曾是一家外企的销售人员，有着极其丰富的医药销售经验。

张先生对这个潜在合伙人非常满意，便下决心要和他一起创业。

然而，当谈到资金问题时，张先生提出自己可以投资500万元，邱先生则说他不会出资，他可以凭借自己的销售经验，使公司取得盈利，因此，他要占有公司10%的股份。

张先生略有犹豫，便询问自己的朋友和律师，他们都提醒张先生要提高警惕，但是张先生还是看重了邱先生的能力，便给了他10%的股份。

随后公司在后来经营过程中出现了问题，由于这位邱先生不懂中国市场，为公司采购了大批价格昂贵的高档药品，而对于这些高档药品，普通的中国家庭根本负担不起。

于是，在2018年年中，该公司出现了严重的亏损，而邱先生见势不妙，便迅速抽身离开，跳槽到了一家外企，致使张先生"赔了夫人又折兵"，蒙受了巨大的损失。

以上案例充分说明，创业者选择合伙人时要谨慎，不能盲目，不能意气用事。因为创业是一个长期而艰苦的过程，需要能同舟共济、相互扶持、共担风险的朋友。如果创业者选择了那些只会同甘而不能共苦的合伙人，在遇到困难时，难免会被其抛弃，遭受损失。

一般来说，如果合伙人不出钱，则意味着其不愿意承担更多的风险。一个没有担当的人，是不值得被信赖和依靠的。当然，如果一个合伙人有才能，但确实没有钱，那么，创业者可以考虑借给他一部分钱，作为他的股本。这样在以后的公司经营中，他才能够承担责任，为公司的长远发展奉献力量。

9.1.2 合伙人不参与经营

一些合伙人在公司创建过程中投入了较高比例的资本,但由于其能力欠缺,往往不参与公司的运营决策,只能依赖那些有实际管理才能,而投资比例较少的人。

这些不参与经营的合伙人主要义务是出资,只是把表决权让给了更有能力的其他合伙人。

在对这类合伙人进行股权分配时,创业团队要根据企业自身的实际情况,遵循公平公正的原则,拿出最佳的股权分配方案。

一般来说,对于不参与经营合伙人的股权分配,创业团队要遵循以下3个规则,如图9-1所示。

合伙人不参与经营时分配股权的规则	
一	按股东投入占比分红,没有额外工资
二	按股东投入占比分红,没有额外业绩提成
三	逐渐稀释不参与经营活动股东的股份占比

图 9-1　合伙人不参与经营时分配股权的3个规则

第一,合伙人不参与经营时,可以根据投入时的股份占比进行分红,但是其不会获得额外的工资。

股东投入资金,获得业绩分红无可厚非,但是对于那些参与公司经营的股东来说,他们夜以继日地工作,为公司的发展立下了汗马功劳,如果创业团队对他们也仅仅按照股金投入的占比分红,则有失公允。因此,对这类参与公司经营的股东,创业团队还应该给予更多的报酬。例如,给予他们与其工作强度相匹配的年薪等。

第二,合伙人不参与经营时,可以根据投入时的股份占比进行分红,但是不会获得额外的业绩提成。

这一规则与第一个规则类似,但也稍有不同。创业团队在对参与公司经营管理的股东进行额外补贴时,必须要参考他的工作业绩,再给予相应的薪酬,这种做法能够充分调动股东工作的积极性,使他们做得更出色,为企业创造更多的财富。

第三,对于不参与经营的合伙人,创业团队要逐渐稀释他们的股份占比。

从短期来讲,稀释不参与经营股东的股份固然是一种有损他们利益的行为,但是从长远考虑,为了企业的发展,稀释这类合伙人股份的做法更加科学,也势在必行。

如果不参与经营股东的股份一直占据主要位置,那么在公司盈利时,他们会获得更多的分红,这对于参与经营的股东来讲是不公平的;如果公司发展遇挫,创业团队在稀释他们的股份后,也会使他们承担的责任更小一些。总之,这一规则无论是对小股东,还是大股东而言,都是有百利而无一害的。

9.1.3 合伙人能力不行

俗话说:"不怕神一样的对手,就怕猪一样的队友。"对于合伙创业人员来讲,如果选择了能力欠佳的合伙人,那么企业未来的发展必然会受阻,甚至会以散伙而告终。

合伙人的能力不行体现在许多方面。例如:不懂得经营管理,还刚愎自用,致使企业利益受损;不懂得团结内部员工,导致人心不齐;不懂得科学的领导方法,导致团队效率低下等。

当创业团队发现合伙人能力不佳时,又该怎么做呢?

最重要的是要与合伙人及时沟通。当企业遇到问题时,及时沟通,积极交流往往能够帮助团队想出更好的对策,从而保证相对科学的决策。

车先生和牛先生两人在天津合伙开了一家汽车公司。在公司成立时,车先生入股60%,牛先生入股40%,车先生认为自己占的股份更多,因此话语权和决策权就应该更大。

然而，对于公司的销售管理，车先生除了懂得一些粗浅的营销理念外，对于精细化的营销策略几乎一无所知，他明知自己的能力不足，却还刚愎自用，喜欢对销售人员的工作方法指指点点，胡乱指挥，致使公司失去了人心，许多优秀的销售员工纷纷离职。

面对这样的情况，牛先生便主动与他沟通："车大哥，你我在销售方面确实都是门外汉，术业有专攻，我们公司若要想赚钱，就必须要相信我们团队中的那些优秀的营销人才。你作为公司领导，应该多考虑公司发展等战略层面的事情，而不应该老是关注销售方法这些工作细节。你这么做是本末倒置，会对公司造成不好的影响。"

牛先生的话一语中的，车先生也深感有理，便做了检讨："对于此事，我确实有失职的地方，虽然我的初衷是好的，但我的功夫没有下对地方，我接受你的建议。"

经过此次坦诚的交流，车先生在工作上做出了重大的调整，学会了放权，使销售员获得了更多的施展空间，来提升自己的业绩。他自己也逐渐转型，学习更多的运营知识，更多的是与投资方接洽，使公司的经营逐渐走上了正轨。

9.2 避免与合伙人的矛盾激化

在合伙创业时，合伙人之间出现矛盾是在所难免的，在面对这些矛盾时，创业团队要及时处理，绝不可姑息迁就，放任矛盾的扩大与激化。那么，化解矛盾就要求创业团队用最合情合理的方法，使矛盾双方心服口服，冰释前嫌，从而保证公司的正常运转。

9.2.1 理智分析合伙人行为，不盲目轻信

信任是互相合作的基石，但是创业者也不能盲目地、无条件地相信合伙人。因为合伙人本身也存在一些缺点，他们的才能也有一定的局限性，他们的决策也并非都是正确的，甚至有一些合伙人会利用创业者对他的信任，为自己谋取私利，给企业带来极其严重的损失。

对于这种行为，创业者一定要擦亮双眼，做到提前预防，从而避免未来可能会产生的矛盾。

2016年，毕诚、聂信和杜杰三人在福州合伙开了一家机械制造厂。他们3人各有所长，而且都有从事机械加工、组装方面的工作经验。在初创企业时，三人兢兢业业，共同奋斗，经过1年的努力，公司也达到了预定的增长目标。

可到了2017年10月，公司却摊上了大事。

原来，2017年5月，杜杰去澳门旅游，在旅游过程中，他去赌场赌了一次，还小赚了一笔。在尝到了甜头后，他便对赌博产生了兴趣，心里便产生了一个念头，想通过赌博来赢更多的钱。

有了第一次，就有第二次，后来他终于按捺不住又去澳门赌了一次，又赚到了一些钱，开心之余，他便彻底放下戒备，沉迷于赌博了。

此后，他每个月都要以出差为由，出去赌一次，然而十赌九输，他并不是每次都能得到好运气的光顾，很快，他就开始输钱了。起初，他输得不多，可他不思改悔改，又投入更多的钱，以求回本，结果越陷越深，把大量钱财都投进去了，没法回头了。最终，他倾家荡产，把自己公司的股权、房产都输了进去。

关于杜杰赌博的事情，毕诚和聂信都不知情，他们虽然也发现了杜杰的一些异常的举动，但却没有多想，只以为他还是像以前那样努力工作。直到债主前来索取杜杰在公司的股权时，他们才得知情况。

这件事在公司内外闹得沸沸扬扬，给公司造成了极坏的影响。虽然

此后毕诚和聂信与杜杰脱离了关系，但公司却因为杜杰的股份被取走，而陷入资金短缺的困境，公司的信誉也大受影响，再也没有投资人敢来给公司投资，他们的公司最终也宣告破产。

以上事件告诫我们，创业团队一定要时刻关注合伙人的动态，不要盲目听信合伙人的部分说辞，只有理智分析合伙人的行为，才能够把各种问题扼杀在摇篮中，避免矛盾的出现。

9.2.2 避免就事论事，草率下结论

与合伙人合作，创业团队还需要具备战略眼光。创业团队要以是否符合公司的长远利益为依据，评判合伙人的行为，而不是就事论事，草率地对各个合伙人的行为做出评价。避免就事论事、理智分析合伙人的行为，能够增加合伙人彼此的理解和信任，提升默契度，从而避免矛盾的激化。

冯镇和于惠两人在安徽合开了一家旅游公司，公司的主要业务是为游客在游览安徽著名旅游景区时提供服务。

对于一家旅游公司来讲，最重要的资源就是优秀的导游。然而关于导游的招聘问题，冯镇和于惠两人却产生了严重的分歧。

冯镇是安徽本地人，他认为应该选择本地人做公司的导游，而且最好应该从熟人那里选择，这样才会对其知根知底。而于惠则认为招聘导游不应该受地域的局限，是不是安徽人不重要，关键是要热爱导游这个行业，因此，最好应在智联上选择与旅游专业相关的优秀人才。

经过一番争论，他们都没有将对方说服，于是，便决定各自按照自己的标准招聘人才。

他俩各招收了5人。冯镇所挑选的人都是由亲朋好友介绍的本地人，而于惠则从智联上招来了5个具有导游专业背景的优秀人才。

经过试用，于惠发现，冯镇招收的5个人都有一个很严重的问题：

普通话不过关。这对于本地游客来讲倒不是问题，但对于更多的外地游客来讲，问题就极其严重。此外，这些人虽然很熟悉安徽本地的旅游资源，但是却不懂得深入学习，盲目自信，这对于优秀团队文化的建立十分不利。

于惠认为，若不辞退这5个人，就会对公司的发展造成很大的阻碍。于是，他找到冯镇，说出了自己的想法。

冯镇起初十分不悦，他说："你这是在故意找茬，和我过不去。你说我选的人有问题，难道你挑选的人就没有问题吗？我还想说，你挑选的人太过死板，没有亲和力，他们在为游客介绍旅游景点的时候，就像在背课本一样。这些人就真的能让公司发展得越来越好吗？我认为你是在排除异己，为自己谋私利，别忘了，公司也有我的股权。"

冯镇的话使于惠感到很委屈，不过，他还是心平气和向冯镇做了解释："我没有想过为我自己谋利，我的初衷就是让公司有更好的发展。你可以参考一下那些优秀的旅游公司，他们的团队导游都有着专业的素养，而绝非都是本地人。当然，如果本地人都能够做得很好，团结同事，那自然很好。但是我们公司的5个人却存在明显的不团结现象。如果你不相信，可以在暗中观察他们的表现。"

冯镇静下心想了想，觉得于惠说的也有道理，于是便决定按照他的方法对自己招来的人进行考察。最终，那5个人的表现证实了于惠的言辞。

冯镇和于惠便共同决定辞退那5个本地人，招聘更优秀的员工。由此，该旅游公司才慢慢步入了正轨。

以上案例说明：草率下结论会导致误会产生。创业者要充分信任搭档，认真倾听他的想法，以公司利益为出发点来进行综合考量，而不是以己度人，盲目下决定。

许多合伙公司的散伙原因就是误会。而面对这些误会，创业者如果不盲目下结论，不就事论事，能够冷静地处理分析，是可以将其避免的。因此，要多听合伙人的建议、想法，避免就事论事，做到三思而后行，才能保证自己所做的决定最终都能符合公司的长远利益。

9.2.3 尽快修补彼此的关系

合伙人因为意见不合而产生分歧很常见，但是如果对分歧姑息迁就，不及时处理，就会导致合伙人关系恶化、破裂，从而影响企业的长久发展。因此，创业团队要时刻关注各个合伙人之间的关系，注意每一个细节，一旦合伙人的关系出现裂痕，应该及时修补，早修补早受益。

秦明、肖庆和惠诚三人在厦门合伙开了一家儿童制药公司。这三人中，秦明有着丰富的儿科制药经验，他以资金入股20%，以技术入股10%；肖庆有着丰富的销售经验，所以他以劳务资本入股5%，以资金入股20%；惠诚没有专业的儿科知识，也没有丰富的销售经验，但是他有充足的资金，他直接以资金入股45%。

起初，三人分工合理，合作得也很不错。但是却在一次分红时产生了矛盾。秦明认为，公司的业绩好是源于自己的制药水平高，而与肖庆没有关系，因此，公司应该将肖庆5%的销售劳务股份转让给他。肖庆自然不同意。于是，两人便产生了激烈的争执。

后来，惠诚发现了两人的矛盾，便出面调停，他说："你们两人，一个贡献了知识，一个贡献了销售经验，都对公司的发展有利。反而是我，只投了一部分的资金，却坐享其成，这对你们来讲也不公平，我可以拿出8%的股份，平分给你们二人，问题不就解决了吗？"

秦明和肖庆二人听完，都感到很惭愧，觉得自己不应该为了私利，相互争执，闹得不可开交，影响了公司的发展，以后要更多地为公司着想，以大局为重。

惠诚见事情出现了好转，仍然坚持向他们出售8%的股份。他认为这种做法会使团队更加团结，能使大家减少隔阂，共同为公司发展贡献心力。事实证明，他的想法是正确的。在之后的工作中，该公司团队很少出现利益纷争的问题，公司因此走上一条高速发展的快车道。

以上案例充分说明，只要创业团队能及时处理好利益纠纷，就会使公司内部更为稳定团结。

一般来说，合伙人之间的纠纷主要是利益纠纷，而对于利益纠纷，创业团队一方面要通过利益的方式来解决；另一方面也要在发扬包容礼让的精神上下功夫。

中国有一首名为《六尺巷》的古诗，内容如下："一纸书来只为墙，让他三尺又何妨。长城万里今犹在，不见当年秦始皇。"

对于相邻的住户来说，每家各让三尺，就能够获得六尺的宽巷，而这六尺的宽巷可以让更多的行人受益。合伙企业也是如此，如果每一个合伙人都有礼让的精神，那么公司的内部氛围自然会更好，员工的积极性与创造性也会增加，最终也会为公司创造更多的财富。

9.3 常见的矛盾问题和解决对策

创业团队在发展的过程中，往往会遇到以下三种问题，分别是战略失误、决策谈不拢以及经营理念出现分歧。出现这些矛盾时，创业团队又要如何解决？本节我们将为大家重点讲解这些问题的解决之道。

9.3.1 战略失误：缺乏制度与权责体系

合伙人如果不懂得在战略上做出规划，只注意细节，那么公司的发展就会缺少一个明确的目标，从而导致在具体的战术执行上会产生重大的分歧，对企业的长远发展造成十分不利的影响。

一方面，合伙企业出现严重的战略失误，是因为缺乏民主的协商制度。合伙公司因为管理者多，所以更需要采用民主协商的方法进行战略决策。然而在现实生活中，一些刚刚成立的合伙企业却不太懂得这个道理，他们往往认为，谁出的钱多，谁自然就是决策者，而对于领导者的决策，必须要坚决地执行。这样的做法，可能在刚开始会使企业的运营变得很有效率，但是在企业后期发展的过程中，其要面对更加复杂的商业环境，一个领导者武断地发号施令必然会导致企业决策失误。

张文、李武和孙斌三人在四川合伙开了一家竹制品公司，该公司的主要产品是竹制的床具和茶具等。在他们三人之中，孙斌的投资额最高，因此他就具有公司的决策权。

起初，该公司的竹制床具以及茶具很受人们的喜爱，所占有的市场份额很高，公司也取得了很好的盈利。可是，随着竹制品公司逐渐增多，劳务成本增加，市场竞争越来越激烈。该公司的利润也越来越微薄。

面对这种情况，孙斌认为，公司只有进一步提高效率，利用更先进的制造工具，才能够扭转目前的局面，为公司增加利润。但是，张文却认为，公司应该走精细化发展道路，多做一些竹制的创意产品，来吸引消费者，以此来赢得市场的好评。

当时孙斌并没有采取他的建议，认为他的建议"不靠谱"，他的理由是：开发创意竹制产品需要引进更多的创意人才，而这样就会进一步增加员工成本，而且创意竹制产品需求量较小，未必会使企业有更好的发展。

因此，他否决了张文的建议。接下来，事情却并没有按照他设想的方向发展，在该公司引进了新的生产工具后，其生产效率确实提升了，但产品的积压也越来越多，反而造成公司严重亏损。与此同时，市场上的创意竹制产品越来越受欢迎，一些生产这种产品的公司也取得了丰厚的利润。

孙斌非常后悔，其决策失误使公司错过了大好的发展机会。

由此可见，创业团队一定要通过民主协商，制定出最好的策略，而不是靠一个人的武断决定，片面地规划公司未来的发展方向。

另一方面，合伙企业在进行全面的战略部署时，还需要对员工进行合理的分工，使他们做到权责一致，从而正确地执行公司的战略决定。

合伙企业的权责分配是一个较为复杂的过程，主要包括工作分析、岗位划分、职责界定以及建立岗位责任制这4个部分。具体来看，权责分配的流程如图9-2所示。

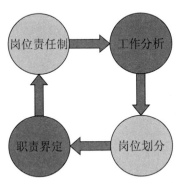

图9-2 合伙企业权责分配的流程

按照以上4个步骤进行分工，合伙企业基本上可以保证人职匹配，人尽其责，确保公司在战略层的重要决定能够得到坚定不移的执行。

但是，最为重要的是，创业团队要运用民主协商的方法，避免公司内部出现个人独裁决定，如果领导者的决策是错误的，那么配上这种高效的权责分配体系，反而会让公司失败得更快。在9.3.2这一节中，我们会详细解释创业团队如何利用民主决策的方法，在做经营决策的过程中找到最优秀的拍板人。

9.3.2 决策谈不拢，谁来拍板

所谓"一着不慎，满盘皆输"。决策的正确与否关系到合伙企业的生死存亡，一个错误的决策往往会导致一家本来运营成熟稳定的企业陷入困境，甚至破产倒闭。

广州市有一家合伙经营的面粉厂，该厂十分重视原料的采购管理。公司高层每个月都会召开原料采购管理会议，并在会议上制定相应的原料采购计划，而公司的采购部门则"按单抓药"，供应充足的原料，保证面粉生产的顺利进行，并努力控制库存，降低原料占用的成本。

这种做法本来是非常好的，可是在某一年，该公司却遇到了麻烦。当时，国内外的小麦价格出现大幅上涨，而公司也只能购买价格较高的原料。

此时，公司的高层对于公司的发展规划产生了严重的分歧。

在公司的例行会议上，一些公司高管坚定地认为，公司还应该按照原来的方法采购原材料，而同时，为了进一步扩大市场份额，还要继续采取低价策略进行销售。

对此，公司的营销主管却极为不满。该主管认为："对于如今的市场环境，如果还坚持原来的做法，按照高价买进，低价售出的方式运营，是没有商业头脑的行为，必然会造成公司亏损。我们应该根据市场形势的变化，及时做出相应的调整，我们可以拓展一项面包加工业务，引进一批优秀的面包烘焙师傅，加工一些有创意且美味的糕点。这样既能够增加公司的业务，又能够帮助公司赚取更多的利润。"

最终，该公司按照团队内部民主协商的方法，通过了营销主管的意见。事实证明，该公司的这个决策是正确的，当时与他们展开竞争的面粉厂，基本上都是按照低价竞争的方法经营，最终都出现了亏损。而该公司在开展面包业务时，虽然投入了巨额资金，但是由于其面包的样式与口味都深受消费者的喜爱，最终还是获得了较高的收益。

以上案例说明，在民主决策的过程中，创业团队要听取最专业人士的意见，听取与实际状况最接近的意见，而不是仅凭借经验，主观武断地做决策。

如果一家公司是科技型公司，那么就要听取技术研发人员对于产品升级的看法和意见；如果一家公司是营销型公司，那么就要听取营销人员对于市场状况的看法和意见；如果一家公司是咨询型公司，那么就要听取有经验的客服人员对于如何为客户提供意见的新看法。

9.3.3 经营理念分歧，如何顺利化解

当合伙人对经营理念产生分歧时，创业团队如果处理不得当，往往会使股权合伙人分道扬镳，不利于公司的进一步发展。这时，如果产生分歧的合伙人能够冷静地坐下来，秉着实现公司更好发展的原则，进行实事求是的探讨，分析各自经营方案的利益得失，分析产生分歧的个人原因，就会使公司顺利地度过经营管理危机，对以后团队的合作大有裨益。

郑州有一家合伙经营的花草广告牌制作公司，该公司的主要合伙人有三位，他们的投资占比分别为38%、32%和30%。在经营管理的过程中，他们都十分谨慎，保持着密切的分工合作，在成立的前几年，公司的业务发展很快，也取得了较为丰厚的盈利。

在合伙人的分工上，一位负责用计算机设计花草广告牌的样式；一位负责花草牌场地的员工管理；一位负责公司的营销以及业务的推广。三人分工得当，做事效率也很高。

而且由于招聘到的设计人员大多都是年轻人，他们思想新锐，设计的广告语很有创意，很符合当下年轻的生活状态和思维观念，因此，该公司的广告牌受到了许多客户的青睐。例如，"足下留情，脚下留青""小花微微笑，请您绕一绕"，这些广告语就受到了政府部门和公园管理人员的好评；像"践踏草坪就挂科"的广告牌，更是在校园里得到了广泛关注，引起学生们的热议。

然而，主管公司业务的合伙人仍对公司目前的发展状况不太满意，他打算扩展业务范围，向医院广告标识领域进军。而其他两人却都觉得这个方法太过冒进。

三个合伙人因此产生了严重的分歧，经过一番争论，也没有得出一致的意见。主管业务的合伙人想出资招聘一些设计医院广告标识的人才，可是却得不到另外两个合伙人的支持，还被冻结了银行资金，这使主管业务的合伙人大为恼火。

高层的矛盾自然也影响到了基层员工的工作，员工在工作时毫无头绪，无所适从，从而使公司的发展陷入停滞状态。

一段时间以后，三个合伙人都认识到了问题的严重性，就都做出了让步。最终他们一致决定，公司可以出少量资金发展新业务，但还要把主要资金用于原有业务的深入开发。事实证明，创业团队及时做出调整是明智的，避免了公司的混乱，即使公司有了新的研发方向，又使原有业务取得了深入发展，公司的业绩更上一层楼。

以上案例表明，当经营理念发生分歧时，创业团队要遵循以下3项原则，如图9-3所示。

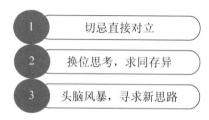

图9-3　经营理念发生分歧时的3项原则

冷静客观是解决分歧的重要准则。当经营产生分歧时，如果合伙人直接对立，把关系闹僵，无疑会对团队的发展造成很大的危害。因此，合伙人要学会换位思考，及时发现对方观点中的合理之处。不同观点的交流与融合，就会激发出新的观点。

公司在头脑风暴中得到新观点的概率会远远高于个人独断决策产生新观点的概率，其创新的观念也会为公司的发展指明新的方向。

第10章

合伙风险规避

世事福祸相依,合伙办企业也不例外。合伙创业在努力获得巨额利润的同时,必然也会在经营活动中遇到诸多风险。造成经营活动风险的因素包括:公司的市场前景、管理能力、财务状况及人员素质等。

除此之外,合伙人在创业过程中,还会遇到其他风险。例如,潜在的法律风险、合伙人个人的风险及涉税的风险等。

合伙人不仅要知晓这些风险的类型,还要掌握规避这些风险的方法。只有这样,在合伙创业的过程中,才能少走许多弯路,才会使创业公司逐渐成长、壮大。在本章我们将详细为大家讲述创业者在合伙创业时,规避风险的那些事。

10.1 法律风险

合伙人出资形式是多元化的,其中不仅包括货币、实物投资,也包括知识产权、劳务投资。正因为出资形式的多元化,合伙人在签订合伙协议时,就需要根据《中华人民共和国合伙企业法》等相关法律,制定合伙人协议。如果合伙人没有做好充足的准备,不能建立和完善合伙人协议,就会增加合伙企业的法律风险。

在签订合伙人协议时,合伙人要特别注重以下四种条款,分别是财产条款、企业内部职责划分条款、劳务出资条款及隐名合伙条款。注重这些条款的规定,将会为合伙企业规避很多法律风险。

10.1.1 涉及财产条款

合伙企业的财产所有权归属问题,是每个合伙人最为关心的问题。然而,许多合伙人对这项问题的理解仍然存在较大的误区。由于合伙人理解的失误,企业在后来的运营过程中往往会产生一系列有关财产权益的纠纷。

合伙企业在签订涉及财产条款的协议时,要遵循以下3个原则,才能够减少不必要的财产纠纷,规避风险。具体原则如图10-1所示。

1	明确规定合伙财产的归属问题
2	明确规定登记财的权责问题
3	明确规定财产瑕疵问题的处理方式

图 10-1　签订财产条款协议遵循的 3 个原则

原则一：明确规定合伙财产的归属问题

在涉及合伙财产归属的问题时，大多数合伙人都会简单地认为，合伙财产应该是所有合伙人共有，但在实际情况中，这个问题却复杂得多。

合伙财产的归属问题根据财产的出资情况，分为以下四种情况：

（1）合伙人以现金或所有权出资的财产能够被划分为共有财产；

（2）对于合伙人以房屋、土地等实物出资的财产，在合伙期间，全体合伙人仅仅共同享有使用权，但并没有所有权；

（3）对于合伙人以劳务、经验或技能等非财产形式出资的资产，在合伙期间，合伙企业的创业团队可以按照市场行情进行价值评估，但这一资产也不能成为合伙企业的共有财产；

（4）对于合伙人以商标或者专利等无形资产进行投资的资产，合伙企业既可以对其拥有所有权，也可以对其拥有使用权。这就需要合伙人在签订合伙协议时，进行明确规定，否则就可能存在法律上的争议，产生相应的风险。

原则二：明确规定登记财产的权责问题

在涉及合伙财产的权责问题时，合伙人需要在办理财产登记时，明确规定办理登记手续的时间、办理费用的承担者及相关的义务承担者。

办理财产登记的内容主要包括所有权以及他物权，若这些权利涉及商标许可使用权、专利许可使用等权利，则必须要经过国家相关部门的审批。

合伙人在面对这类权责问题时，必须要签订合同备案，做好各种事项约定，否则也会增加企业的法律风险。

原则三：明确规定财产瑕疵问题的处理方式

合伙人的物品出资如果存在严重瑕疵，那么必然要受到法律的处罚。如果合伙人用法律禁止转让的财产作为投资资本，则会使企业遭受更严重的法律风险，因此，合伙人企业在签订合伙协议时，对这方面的问题要有明确规定。

10.1.2 企业内部事务划分

合伙企业在经营时，难免会受到人情世故的影响，特别是在初创企业时，合伙人的各种利益和情感相互交错，创业团队碍于情面，往往很难确定各个合伙人出资所对应的价值，也无法明确规定合伙企业内部的事务划分。

然而合伙企业的壮大发展，不是仅仅依靠合伙人之间较好的交情就能达成的，更需要共同协商，确定发展的目标，明确各个合伙人的职责与权力，做到团队内部的稳定。如果没有这些，合伙企业未来的运营就会出现混乱，以至因权力问题而产生纠纷，从而严重影响企业的发展。

因此，建立科学的责任划分机制，有利于保障所有合伙人的共同利益。所有的合伙协议都应当对各个合伙人的分工做出明确的规定。

如果团队内部某个合伙人由于个人过错，造成合伙人全体利益受损，而此时企业又没有明确的内部责任划分机制，就会使团队其他成员心存不满，导致互相踢皮球、推诿扯皮等不好现象的出现，最终可能会致使合伙团队分崩离析。

那么，合伙企业该如何科学地进行内部事务划分呢？具体又有哪些划分方法呢？这里我们为大家提供3种方法，如图10-2所示。

```
┌─────────────────────────┐
│  一人一票决定内部事务    │
└─────────────────────────┘

┌─────────────────────────────┐
│  根据出资比例享有决策权利    │
└─────────────────────────────┘

┌─────────────────────────┐
│  根据专业特长建立决策机制 │
└─────────────────────────┘
```

图 10-2　合伙企业划分内部事务的 3 种方法

一人一票决定内部事务，就是不论各合伙人出资多少，其表决权都一样。这种方式有利于决策的公平和内部的和谐，但是却不利于集中决策。

根据出资比例享有决策权利，此方法对出资多的合伙人更有利，也有利于团队的集中管理与决策，但是这种方法降低了其他合伙人的话语权，会增加决策失误的概率。

根据专业特长建立决策机制，有利于团队进科科学的决策，但是这种方法有时又会存在效率低下的问题，从而导致公司丧失绝佳的发展时机。

从整体来看，这三种方式各有利弊。创业团队要根据公司的发展时机、发展状况，做出最适合于团队发展的决策方式。但是无论采用哪一种方式，只要按照自己事先约定的方法坚决执行，就能够有效地避免在出现意见分歧时无法决策的情况。

10.1.3　用劳务出资

《合伙企业法》规定：经全体合伙人协商一致，合伙人也可以用劳务出资。国家虽然有这样的法律条文，但是具体在涉及合伙人的劳务出资形式、劳务出资量化等问题时，国家却并没有作出相应的明文规定。

那么，针对这些具体问题，每个合伙企业都应该根据自身的发展状况，进行详细而周密的协商，最终制定出适合本公司的劳务出资条文。如果条文约定不明或者约定不当，就会使公司遇到一系列因劳务出资问题而导致的法律风险。

因劳务出资问题导致的法律风险有以下 4 种，如图 10-3 所示。

图 10-3　因劳务出资问题导致的 4 种法律风险

风险一：劳务出资价值不明带来的法律风险

劳务出资的价值很难精确衡量，其更加需要依赖合伙人共同达成协议。如果合伙人同意劳务出资的方式，但并未明确规定劳务出资在公司股权中的份额，那么就会导致在公司发展的后期产生股权纠纷事件。

因此，创业团队在评估劳务出资的价值时，不仅要考虑公司的发展状况，还要根据市场行情，明确地对劳务出资人的价值进行评估。

风险二：劳务出资人未承担责任带来的法律风险

劳务出资人与财产出资的最大区别在于，他可能并没有投入足够的资金。由于合伙企业需要承担的是无限连带责任，如果劳务出资人在公司发展陷入困境时，却不具备承担责任的能力，其必然会对公司造成更加不利的影响。因此，合伙企业在成立之时，要衡量劳务出资人是否具备财产出资能力，从而决定是否让其以正常合伙人的身份来承担公司风险。如果创业团队事先没有做好规定，那么，在后期若出现劳务出资人不承担责任的情况，其他合伙人也只能是有口难言。

风险三：劳务出资人停止提供劳务带来的法律风险

劳务出资人的最大价值在于他所提供的劳务。在签订合伙协议时，公司一般都会规定劳务出资人在合伙企业中所占的出资比例，当劳务出资人不再为公司提供劳务服务时，其所占的出资比例也不会自动消失，而是需要创业团队根据情况，做出具体的安排。

劳务出资人不提供劳务服务的原因主要有两种：一是劳务出资人撤资退伙，此时，公司就应当根据自身发展状况，按照规定的数额，退还其相应的资本；二是劳务出资人的劳动能力或者劳动技能逐渐丧失，不能够继续为公司提供劳务服务。

针对第二种情况，合伙团队应该在合伙协议中做出具体的规定，而不是直接扣除其应有的股份，从而可以避免相关的法律纠纷。例如，在合伙协议中明确规定，当劳务出资人不能够继续为公司提供价值时，企业就会根据他的历史贡献给予相应的物质激励，但是为了促进公司的活力，会逐渐稀释其股份，让更有价值的劳务人员获得这部分股权激励。

这种方式既考虑到了原劳务出资人的利益，也能够激发潜在合伙人的潜力，同时还可以避免一系列矛盾，可谓一举三得。

风险四：劳务出资人退伙导致的法律风险

劳务出资人退伙时，合伙企业便不再享有其提供的劳务，由此可能会导致各个合伙人因利益问题而产生矛盾。如果处理不公，还会引发一系列的法律纠纷。

劳务出资合伙人会因许多外在诱因而退伙，其中最重要的原因有两个：一是公司发展前景黯淡；二是利益分配不公平。

如果劳务出资人退伙，必然会影响企业的稳定发展，因此，为了避免出现这样的法律纠纷，合伙企业一定要制定科学的发展战略和相对公平的利益分配机制。

10.1.4 隐名合伙

隐名合伙人是指不参加实际经营活动，而是只通过投资来获得企业经营红利的合伙人。同时，隐名合伙人仅以出资额为限来承担公司的相应亏损。

隐名合伙的方式立足于合伙企业发展的实际情况。在商业活动中，一方面拥有大量资金的人想通过灵活投资的方式获得更多的利润；另一方面初创企业也想要获得更多的资金谋求发展。因此，隐名合伙这种合伙形式，对于投资方和融资方来说都有很大的好处，可使二者达到互通有无、取得双赢的效果。

在合伙企业登记时，隐名合伙人并不记录在登记簿中。隐名合伙人的权利和义务都是通过企业内部的合伙协议进行确定的，因此，企业的创业团队必须要完善隐名合伙人与登记在册的合伙人之间的约定。

隐名合伙人在签订内部协议时，要特别注意以下 3 个问题，如图 10-4 所示。

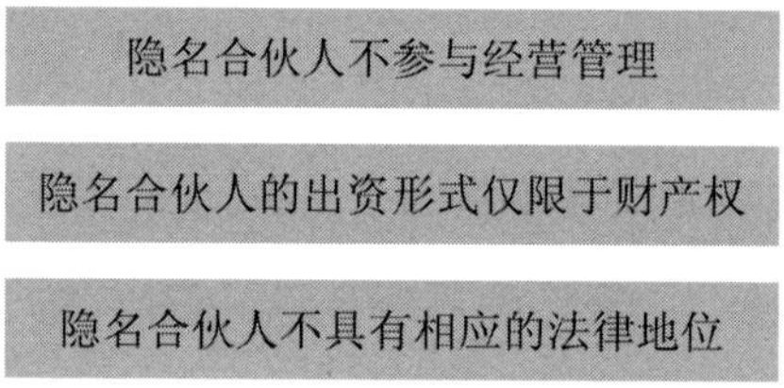

> 隐名合伙人不参与经营管理
>
> 隐名合伙人的出资形式仅限于财产权
>
> 隐名合伙人不具有相应的法律地位

图 10-4　隐名合伙人签订协议时应注意的 3 个问题

首先，一般情况下，隐名合伙人不参与合伙企业的实际经营管理。因为隐名合伙人是最纯粹的投资人员，其承担的是有限责任。如果隐名合伙人参与到公司的实际经营管理中，便是滥用权利的行为，这会对合伙企业的发展极为不利。

其次，隐名合伙人的出资形式仅限于资金投资。因为隐名合伙人不能参与企业的经营管理，所以他不具备劳务出资的条件，按照相关法律规定，其只能以货币的形式出资。

最后，在合伙企业中，隐名合伙人不具有相应的法律地位。与此相对应，其他合伙人在公司出现亏损时，也不能披露隐名合伙人的姓名，让其承担类似普通合伙人的责任。而且所有合伙人在签订隐名合伙协议时必须要明确规定，普通合伙人对隐名合伙人具有保密义务。

若能处理好以上三个问题，就能保证普通合伙人和隐名合伙人的关系融洽，使隐名合伙人的资金和普通合伙人的能力相结合，从而促进合伙企业的健康发展。

10.2 合伙人个人的风险

合伙企业在经营的过程中，不仅会面临法律风险，还会因为合伙人个人的问题，而承受一系列风险。常见的个人风险有三个，分别是合伙人因为离婚带来的风险、合伙人因为股权代持带来的风险和合伙人死亡带来的风险，每一种风险都会对合伙企业的发展带来影响。因此，创业团队要找到最科学的方法来处理这些风险，让公司发展尽快走上正轨。

10.2.1 合伙人离婚的风险

对于已婚人士来讲，在合伙创业时，都有一个隐性共识。丈夫为合伙公司投入的所有资本，其合法妻子永远都会拥有一半。在一般情况下，如果夫妻双方对婚后财产没有明确约定，那么，任意一方名下的股权便是夫妻的共有财产。如果合伙人离婚，那么持股合伙人的配偶有权获得其一半的股权。

相关法律在涉及夫妻离婚，双方对其名下合伙企业进行股权分割的问题，有着明确的规定。

如果夫妻一方是企业合伙人，另一方不是企业合伙人，经夫妻协商一致后，企业合伙人可以将合伙企业中的财产份额全部或者部分转让给配偶，在转让时，要按照四种情形进行分类处理。具体法律条文如下所示。

（1）其他合伙人一致同意的，该配偶依法取得合伙人地位。

（2）其他合伙人不同意转让，在同等条件下行使优先受让权的，可以对转让所得的财产进行分割。

（3）其他合伙人不同意转让，也不行使优先受让权，但同意该合伙人退伙或者退还部分财产份额的，可以对退还的财产进行分割。

（4）其他合伙人既不同意转让，也不行使优先受让权，又不同意该合伙人退伙或者退还部分财产份额的，视为全体合伙人同意转让，该配偶可以依法取得合伙人地位。

从该规定中我们可以看出，无论处于何种情况，公司合伙人的法定配偶在离婚时，都会拥有该合伙人股权的一半。而这种情况将会进一步分散公司的股权，不利于股权结构的稳定。

例如，张明、李飞和秦语三人合伙开了一家公司。其中张明的投资占比为40%，李飞和秦语的占比均为30%。公司经营数年，发展形势良好，规模也越来越大。可是，张明却因为与妻子离婚，导致合伙企业内部的股权结构发生紊乱，因此影响了公司的正常运转。

在张明离婚后，其妻子拥有了20%的股权，这样公司的股权就被四个人瓜分，其比例为2:2:3:3。这是一种极不科学的股权占比，导致公司缺少了实质上的控股人，影响公司的决策。

基于这样的情况，李飞和秦语决定分别购买张明妻子手中12%和8%的股权。可是由于公司发展势头良好，张明的妻子拒绝了他们的提议。

后来，经过长时间的协商和沟通，他们最终还是说服了张明的妻子，达成了协议：张明的妻子分三年的时间，把20%的股权卖给李飞和秦语。但是她必须在第一年得到所有股权的返还价值，并且在未来的三年享受到企业20%的分红。

重要合伙人的离婚对于合伙企业来说是一件大事，合伙企业必须要通过法律手段和协商手段，科学地收回分散的股权。这种方式可以保证公司形成科学的股权结构，避免混乱，从而促进公司的进一步发展。

10.2.2 股权代持的风险

股权代持又被称为隐名投资、假名出资或者委托持股。从本质上来讲，股权代持是指隐名股东名义上将其股权转让给名义股东的一种股份处置方式。

股权代持现象产生的原因主要有以下 3 大类，如图 10-5 所示。

图 10-5　股权代持现象产生的 3 大原因

其一，隐名投资人为保护个人信息安全或者不愿暴露自己的财富，往往会选择股权代持的方式。

其二，一些实际投资人会出于商业运营的需要，选择股权代持的经营方式。例如，隐名合伙人为规避潜在的关联交易和同业竞争问题，最终选择股权代持的经营方式。

其三，《中华人民共和国公司法》规定：公司董事及高级管理人员不得自营或者为他人经营与所任职公司同类的业务。这也会使一些投资者选择股权代持的方式进行经营。另外，一些隐名投资人为规避法律对投资比例及股东公务人员身份的限制，也会选择股权代持的经营方式。

股权代持虽然有其存在的合理性，但是对于名义股东和隐名股东来讲，这种方式仍然存在较大的风险。

一方面，股权代持会给名义股东带来两大风险，分别是履行公司出资义务的风险和税收风险。

在商业经营中，如果隐名股东违约不投资，那么名义股东就将会面临出资的风险。虽然名义股东能够在出资后向隐名股东索取赔偿，但仍然要面临诉讼风险。

此外，名义股东还要面临税收风险。一般来讲，在股权代持中，如果条件成熟，隐名股东在解除代持协议时，名义股东和隐名股东都将面临税收风险。

另一方面，隐名股东也将会面临四种风险，分别是隐名股东与名义股东的合同效力失效导致的风险；名义股东滥用权利，导致企业利益受损，危害隐名股东利益的风险；因名义股东自身所产生的问题，导致隐名股东利益受损的风险；隐名股东的股东资格面临无法恢复的风险。具体阐释内容如下。

风险1：隐名股东与名义股东的合同效力失效导致的风险

一般来说，如果隐名股东与名义股东产生纠纷，往往会备受关注。他们之间签订的内部协议也将会浮出水面，然而，其合同效力也将会面临失效的风险。《关于适用中华人民共和国公司法若干问题的规定（三）》对股权代持的问题做出了明确的规定，若满足以下四个条件之一，则隐名股东与名义股东的合同效力失效。

1. 一方以欺诈、胁迫的手段订立合同，损害国家利益；

2. 恶意串通、损害国家、集体或者第三人利益；

3. 以合法形式掩盖非法目的，损害社会公共利益；

4. 违反法律、行政法规的强制性规定。

风险2：名义股东滥用权利，导致企业利益受损，危害隐名股东利益的风险

由于隐名股东对代持股份无法行使控制权，因此名义股东能够逐渐控制股份，从而损害隐名股东的利益。例如，名义股东滥用经营管理权、分红权、剩余财产分配权及表决权等权利，都会严重损害隐名股东的实际利益。

风险3：因名义股东自身问题，导致隐名股东利益受损的风险

如果名义股东不能偿还债务，法院和其他相关权力机关会依法让隐名股东偿还名义股东的债务；如果名义股东出现离婚或死亡等问题，其

名下的股权在被分割或继承时，也会引起相应的法律纠纷，而隐名股东则有可能会被卷入这些纠纷案件，从而导致利益受损。

风险4：隐名股东的股东资格面临无法恢复的风险

《关于适用中华人民共和国公司法若干问题的规定（三）》规定：实际出资人未经公司其他股东半数以上同意，请求公司变更股东、签发出资证明书、记载于股东名册、记载于公司章程并办理公司登记机关登记的，人民法院不予支持。这样的规定将会导致隐名股东的股东资格面临无法恢复的风险。

总之，无论是对于名义股东，还是对于隐名股东，股东代持都会给其带来一定的风险。因此合伙人在使用这种方式时一定要慎重，要事先在协约中做好完备的规定。

10.2.3 合伙人死亡的风险

天有不测风云，人有旦夕祸福。在合伙人死亡后，创业团队应按照合伙协议的约定或者经全体合伙人的一致同意，让死亡合伙人的法定继承人来继承该合伙企业的合伙人资格。依法理智地处理合伙人的股权继承问题，能够有效避免因合伙人死亡而带来的意外风险。

2016年，李密和自己的三个朋友在江西合伙开了一家造纸厂，前期，公司的发展顺风顺水，然而1年后，李密身患癌症，最终在2018年年初不治身亡。根据他的遗嘱，他的儿子李辉享有他在公司的合法继承权。

最终，他的三个朋友也依法将李密的股权交予李辉。

由于其股权过渡很稳定顺畅，因此公司仍然有着较为理想的发展。

但是，如果出现以下三种情形，合伙企业就必须向死亡合伙人的法定继承人退还相应的财产份额，其具体内容如下。

1. 继承人不愿意成为合伙人；
2. 合伙协议约定不能成为合伙人的情形；

3. 法律规定或者合伙协议约定合伙人必须具备相关资格，但是该继承人并没有取得这样的资格。

创业团队按照法律法规以及合伙协议的规定，法制、高效地处理类似问题，就能够顺利避免合伙人因死亡而引发的相关风险。

10.3 涉税风险

所有合伙企业的经营均与税务有关，如果税务问题处理不当，则会为企业带来严重的涉税风险。在合伙企业的经营过程中，创业团队要注意以下三种涉税问题，分别是股权激励时存在的涉税问题、股权对赌协议中的涉税问题以及股权转让中的涉税问题。妥善处理好这三类问题，可以有效避免企业的诸多涉税风险。

10.3.1 股权激励的涉税问题

股权激励能够激励员工努力工作，有利于企业的长期发展。但是在进行股权激励时，创业团队也要注意相关的涉税问题。股权激励中税务上缴详情如表10-1所示。

表10-1 合伙企业中股权激励下的员工个税处理方案

	形式	授予时点	行权时点：取得股权/股权行权/限制性股票解禁/取得股权奖励时	转让时点
满足条件	股票（权）期权、股权奖励、限制性股票	无	递延纳税：税率20%	经向主管税务机关备案，可实行递延纳税政策，即员工在取得股权激励时可暂不纳税，递延至转让该股权时纳税	按财产转让所得税：税率20%转让境内上市公司股票，免个税；转让境外上市公司股票，税率20%

续表

	形　式	授予时点	行权时点：取得股权/股权行权/限制性股票解禁/取得股权奖励时	转 让 时 点
不满足条件	以低于公平市场价格去的股票（权）	无	按公司薪金征税：累进税率：3%～45%	应纳税所得额=（公平市场价格-实际市场购买价格）×行权数量 应纳税额=（应纳税所得额/规定月份数×适用税率-速算扣除数）×规定月份数 公平市场价格，依次按照净资产法、类比法和其他合理方法确定。前提：需要向税务机关备案	同上

由表 10-1 可知，在股权激励中，员工的持股主要由三部分构成，分别是股票期权、股权奖励和限制性股票。

国家在制定相关税法时，充分考虑到初创合伙企业在经营中存在的不确定性，因此，将股权激励对象的纳税时间点顺延到转让股权时，又将原有的税率进行了调整，由原来的3%～45%超额累进税率，调整为20%的股权转让税率。这样就更便于初创合伙制企业利用股权激励的方法，激励员工，从而促进公司的发展。

创业团队若按照国家规定，上缴员工股权激励的税款，就能够避免许多不必要的麻烦，减少一系列的税务风险。

10.3.2　股权对赌协议中的涉税问题

对赌协议是投资领域中的一种估值调整机制。对赌协议条款的设计能够有效地保护投资者的利益。

例如，姜明和李欢合伙开了一家企业。由于急需资金，他们便寻求投资人贷款。此时，投资者就可能和他们签订一个对赌协议，如果公司年利润增长达到20%，那么投资人投入的资产可以作价变为公司相应的股权，如果没有达到这一目标，那么姜明和李欢就要连本带息将其所投资金返还给投资人。

在这里，我们需要深入了解对赌协议的内涵。由于"对赌协议"存在不确定性，因此，它一般不会在投资协议的主合同中出现，而是会以附属协议的形式存在。此外，"对赌协议"只是影响双方最终的利益分配，并不影响主合同的价格约定与相关的条款执行。

在税务处理上，即使企业存在对赌协议，但企业所得税的上缴仍要遵循实质重于形式的原则和权责发生制的原则。即便税法尊重发展与创新，但税务机关仍会依法行使职权，致力于为纳税人提供公平、和谐的纳税环境。

例如，A公司与B投资机构制定了一个对赌协议。B投资机构认为，A公司在股权转让交易完成后的3年内完成对赌协议的目标，才算完成合同，之后，A公司才能够缴纳相应的税款。

但是在具体的执行过程中，创业团队也要谨遵协议内容，在对赌协议目标完成的同时，要立即上缴其涉及的各项税款，避免偷税漏税，这样才能够减免不必要的税务问题，树立良好的企业形象。

10.3.3 股权转让中的涉税问题

《公司法》明确规定，股东有权通过法定方式转让自己名下的所有出资或者部分出资。但是在股权转让中也存在涉税问题，其中，最主要的就是股东转让股权后所产生的营业税问题和企业所得税问题。

国家颁布的财税[2002]191号文件，对股权转让的征税办法重新做出了规定。其明确指出，国家对股权转让不征收营业税。因此，合伙企业的股东在进行股权转让时，不需要上缴营业税。

我国的《企业所得税法》对股权转让时的企业所得税征收也有明确的说明，具体的条款内容如下。

1. 企业股权投资转让所得应并入企业的应纳税所得，依法缴纳企业所得税；

2. 投资企业取得股息性质的投资收益，凡投资企业适用的所得税税率高于被投资企业适用的所得税税率的，除国家税收法规规定的定期减税、免税优惠以外，其取得的投资所得应按规定还原为税前收益后，并计入投资企业的应纳税所得额，依法补缴企业所得税；

3. 股权转让人应分享的被投资方累计未分配利润或累计盈余公积，应确认为股权转让所得，不得确认为股息性质的所得；

4. 企业已提取减值、跌价或坏账准备的资产，如果有关准备在申报纳税时已调增应纳税所得，转让处置有关资产而冲销的相关准备应允许作相反的纳税调整。

因此，企业合伙人在转让股权的时候，一定要严格遵守相关法律法规。做到知法守法，依法纳税，既要保护自己的合法利益，又要履行相应的义务。

第11章

合伙人退出机制

有合伙，必然也会有散伙。"天下熙熙，皆为利来，天下攘攘，皆为利往"，合伙人因为利益冲突，导致散伙的案例不胜枚举。因此，正确处理合伙人的退出问题至关重要，如果处理不当，轻则会使公司的经营陷入困境，重则会导致公司破产。

总的来说，设定合伙人退出机制，要提前制定好完备详尽的合伙人退出应对方案，要考虑到合伙人退出的各种方式，同时还要找到避免合伙人中途退出的方法。

11.1 事先制定好退出机制

对于一个公司来说,合伙人或者投资人可能会因为利益关系,或其他问题而选择终止合伙关系,退出公司。为了给合伙人及投资人自由选择的机会,也为了公司的正常发展,创业团队必须要提前设置一套完善的退出机制,用规范化的合同与条款,保证合伙人和投资人的权益,将因其退出而对公司造成的影响降到最低。

11.1.1 对创始合伙人发放限制性股权

合伙企业无论是否上市,都需要利用限制性股权的方案,对创始合伙人进行一定的约束,这将有利于公司的稳定发展。

初创企业规模较小,其原始投入资金也会较少,经过一段时间的发展,其资产会大幅提升,而这时如果有股东见利忘义,趁机退出,则会对企业的发展带来不利影响。

例如,如果 A 公司的初创资本是 100 万元,两年后,该公司的资产达到了上千万。其中某个创始合伙人的投资比例为 10%,他看到公司盈利后,为了快速套现,不顾公司大局,强行退伙,拿上百万元离开,这么做对公司的长远发展将会极为不利。

因此,合伙创始团队必须要有限制性股权的方案,可以直接前往工商局办理限制性股权登记,其限制性股权可以以四年为期来兑现。

另外，在创始团队中，如果有员工离职的情况发生，公司就可以利用限制性股权的方案，按照事先约定的价格对其股权进行回购。

因此，创始人团队利用限制性股权方案，让创始合伙人分期获得其股权，可保证公司稳定运营，并顺利发展扩张。

11.1.2 分期兑现股权

企业分期兑现股权的时间期限为4年。在兑现的时候，主要采取以下3种方式，如图11-1所示。

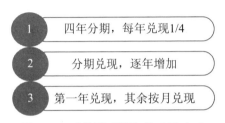

图 11-1　分期兑现股权的 3 种方式

在这里，我们要特别强调逐年增加的兑现方式。例如，企业在第一年为合伙人兑现10%，第二年兑现20%，第三年兑现30%，最后一年兑现40%。总之，合伙的时间越长，企业兑现的金额也就越大。

第一年兑现1/4，其余按月兑现，就是指企业先在第一年为合伙人兑现1/4的股权，剩下的股权会在未来三年之内以分月的形式兑现，每月为其兑现1/48。这种模式就要求合伙人必须先干满一年，之后才能每月获得股权红利。这种按月进行股权激励的政策，会使员工的工作热情高涨，从而使其全身心地投入到工作中。

无论采取哪一种股权分期兑换方式，创业团队都一定要结合公司自身的发展状况。为了保证公平，可以采用四年分期，每年兑现1/4的方式；为了保证公司的稳步发展，也可以采用逐年增加的分期兑换方式。只有适合自己的，才是最好的，才能使公司与合伙人都得到长远的发展。

11.1.3 约定回购机制

在股份约定回购机制中,最关键的问题是回购价格的定价,而创业团队在进行回购价格的定价时,主要参考以下 3 个要素,如图 11-2 所示。

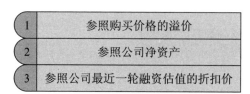

图 11-2　股份约定回购机制的 3 个要素

首先,要参照合伙人购买价格的溢价。如果合伙人原来出资 10 万元购买公司 10% 的股份,那么在公司盈利后,合伙人在退出或者转让手中的股份时,必然会溢价卖出。因此,合伙人在约定回购机制时,必须要参照合伙人购买价格,进行溢价回收。

其次,要参照公司净资产。当公司发展成熟后,其本身的资产净额有可能会是初建时的数十倍,如果此时创业团队还仅仅依靠溢价进行购买,那么合伙人必然不会同意,所以对于发展壮大的企业,可以参照其净资产数额约定回购机制。

回购与买断类似,如果创业团队不参照更高的方式进行回购,必然会使原合伙人的利益受到损害,不利于与其快速达成回购协议。

最后,要参照公司最近一轮融资的折扣价进行回购。创业团队按融资估值的折扣价进行回购的原因有三个:第一,有利于公平,有利于企业更好的发展;第二,如果不按照折扣价回购,就会大大增加公司的现金流压力。第三,有利于引导团队合作,提高团队活跃度。

11.1.4　不还股权:设定高额违约金条款

在现实生活中,有些合伙人在退出公司时不愿意让公司回购其股权,对创业团队来说,处理这种问题就会非常棘手。为了避免此类事件的发生,在设计股权退出机制时,创业团队必须在协议中设定高额的违约金条款。

秦飞、陆兵和海俊三人合伙开了一家少儿美术教育机构。经过两年的奋斗,该机构获得了很好的口碑,其规模也逐渐扩大。然而在事业发展的高峰期,其团队内部却产生了矛盾,并且愈演愈烈。

海俊占有公司25%的股权,他也是该机构在市场营销方面的主要负责人。他认为,公司良好的业绩大都是他的功劳,然而在分红的时候,他却拿的最少,这很不公平,因此,他决定离开机构,自己单干。

但是在退出的时候,他却对其他两个人讲:"我要离开公司,但是我仍然要保留自己在公司的股权。因为公司之前在制定章程时,并没有要求合伙人在退出时必须退还股权。"

秦飞和陆兵自然非常不满。秦飞说:"公司之前确实没有相关的章程,但是你这样中途退出,不为团队做贡献,却想要拿较高的收益,于情于理也讲不通。为了公司的长远发展,我们俩决定出资将你手中的股权收回。"

可海俊却执意不肯。

矛盾就此激化。海俊虽然没有退出,但在业务上却不再用心,机构的生意也逐渐惨淡,最终该机构由于内耗严重而散伙。

这个教训表明,创业团队提前设置高额违约金条款的重要性。如果创业团队在签订协议的时候能够考虑全面,认识到合伙人中途退伙等问题,提前设置好高额违约金条款,就会有效避免类似问题的出现。

11.2 以什么模式退出

好聚好散是合伙创业团队最希望看到的局面。大家齐心协力创业,建立了企业,然而在企业发展壮大的过程中,由于各种原因,部分合伙人也会选择中途退出。选定好合伙人中途退出的模式,有利于企业迅速度过转折期,迎来新一轮的发展。

良好的退出模式有四种,分别是回购退出模式、新三板退出模式、IPO上市退出模式和绩效考核退出模式。本节我们将重点讲述这4种模式。

11.2.1 回购退出模式

回购退出是目前比较流行的一种合伙人退出模式。这种模式主要分为两种类型,分别是管理层收购和股东回购,如图11-3所示。

图11-3 回购退出模式的两种类型

以上两种回购方式都是企业所有者直接从直投机构回购股份的方式。总的来说,回购退出模式相对稳定,但是却存在回报率低的缺点。例如,一些股东回购会通过偿还贷款的方式进行,其最终的总收益不足20%。

但是对于合伙企业而言,回购退出模式有以下四个方面的优点。

(1)回购退出模式具有交易复杂性低、成本低的优点。

(2)回购退出模式能够最大程度地保持公司的独立性。

(3)回购退出模式能够避免因核心合伙人的退出而给企业运营造成大的损害。

(4)合伙企业的大股东借助回购退出模式可以获得企业的所有权和控制权,从而保证企业的稳定运营。

回购退出模式有自己的适用条件。一般来讲，回购退出模式适用于经营日趋稳定但是却上市无望的合伙企业，而对于即将上市的合伙企业来讲，选择这种回购模式并不利于公司的扩张发展和持续经营。

11.2.2 绩效考核退出模式

绩效考核退出模式也是企业比较常用的一种合伙人退出模式，其中销售型的城市合伙人是这一退出模式的典范。

城市合伙人是一种新的商业模式，它不仅吸取了传统分销渠道的各种优点，还深度融合了会员经济、粉丝经济以及合伙人制度等现代经营理念，而且城市合伙人制度既方便合伙企业的集中式管理，也能够分散直营的风险，这种种的优势使其得到如火如荼地发展。

城市合伙人非常注重绩效，合伙人的绩效在很大程度上决定了其在退出时所拿到的分红。

张丽、孙红和李传三人合伙开了一家服装设计公司。公司在初建时，由于缺乏资金，一直得不到扩张发展。后来，三人在网上看到一家大型服装公司正招募合伙人的消息，于是就以加盟的方式加入了这家公司。

在成为大型服装公司的加盟商后，由于他们三人各司其职，张丽负责与客户沟通，孙红负责服装设计，李传则负责团队内部管理，因此很快便为公司筹集到了更多的资金、技术、原材料以及人才，使得该服装设计公司的发展逐渐有了新的起色。

后来，孙红因一些个人原因决定中途退伙，经过与其他两人的协商，她把自己28%的股份以溢价的方式卖给了张丽和李传。

张丽和李传考虑到孙红这几年为公司所做的贡献，决定在原有溢价的基础上，再增加原价的20%来购买其股权。

三个合伙人通过这种退出方式，做到了好聚好散，其合伙企业也顺利地度过了过渡期。因此，城市合伙人模式无论是对于合伙人还是对合作企业,都是一种双赢的选择。

11.2.3 新三板退出模式

新三板退出模式也是一种很受合伙人欢迎的退出模式。新三板退出模式主要通过两种方式进行,分别是做市转让和协议转让,如图11-4所示。

图 11-4 新三板退出模式的两种方式

做市转让遵循市场交易的原则。这种方式要求买卖双方在中间添加一个"做市商",这有利于促进股权退出交易的公平公正。

相较于做市转让,协议转让则是一种较为系统的退出机制。这种退出方式是在股转系统的监测下,买卖双方借助洽谈协商的形式,最终达成股权交易的一种方式。

2014年新三板正式实施做市转让方式后,新三板渠道退出方式越来越受到投资机构的热捧。近年来,新三板的挂牌数及交易量都取得了突飞猛进的增长,呈现出井喷的发展态势。目前,新三板已经成为合伙企业进行股权退出交易最便利的市场。

整体来讲,新三板市场有以下两方面的优势。

一方面,新三板市场具有强大的融资功能,借助这一功能,合伙企业可以得到更强大的广告效应和政府政策的支持。

另一方面,对于合伙企业的合伙人来讲,新三板市场的进入壁垒更低。借助新三板市场灵活的协议转让制度与做市转让制度,能够更快地实现退出。

11.2.4 IPO上市退出模式

IPO（首次公开募股发行）上市退出通常是指股东合伙人的退出。对于股东合伙人来讲，IPO上市退出是最理想的退出模式，因为这一退出模式的回报率最大。

但是IPO上市退出模式也有相应的缺点。因为IPO上市门槛较高，对于普通合伙企业来说，其上市难度较大，需要实现良好的企业效益和大量的资金积累，因此，往往无法在短期内实现上市。鉴于此种情形，股东合伙人必须要有足够的耐心。

在证券市场杠杆的机制下，IPO上市合伙企业的合伙人抛售其持有的公司股票，往往能够获得高额的收益。

对于合伙企业的合伙人来讲，若要取得更高的IPO退出回报，还需要注意两个方面的因素：一方面，合伙企业发行的股票要日益增值，要有足够的上涨空间，能够吸引到足够多的股民；另一方面，合伙企业要诚信经营，要有良好的经营业绩，从而获得资本市场的高度认可。企业只有做到这两个方面，其合伙人的退出回报才会更高。

因为上市难度较大，所以许多合伙企业纷纷选择借壳上市的模式，获得上市的资格。借壳上市是指非上市公司收购业绩较差、筹资能力逐渐弱化的上市公司，并注入自己的资产，最终实现间接上市的一种上市手段。

借壳上市模式相对于正常途径上市模式来讲，其审批流程会大大减少，在半年内，申请上市公司的所有状况就能被审核完毕，同时，其成本也会更低，能够帮助申请上市的公司节省很大一笔律师费用，也无须公开公司内部的各项经营指标。

由于这种模式好处颇多，导致众多合伙企业都纷纷选择借壳上市，但是如此一来，又会导致资本市场出现混乱，而且借壳资源价格的日益上涨也导致借壳上市的难度加大。

鉴于借壳上市模式仍然存在一些不规范的地方，2017年6月17日，证监会修改了《上市公司重大资产重组办法》，这一法规的出台进一步规范了借壳上市的行为，给"炒壳"降温。

总的来说，IPO上市退出是一种高回报的退出模式，但合伙人需要耐心等待，同时，合伙企业也要遵守相关法规，要根据公司发展的状况，谨慎选择借壳上市这种方式。

11.3　避免合伙人中途退出：确定成熟机制

成熟条款中的"成熟"一词源于英文词汇vesting，也被译为"兑现"或者"释放"，这种条款常见于合伙企业的投资协议中。

在投资协议中，创始股东和合伙人会有如下约定：合伙人所持的股权应在约定的成熟期内逐步"成熟"。在成熟期内，合伙人有享受股份分红和对公司日常事务进行表决的权利。但是，如果合伙人要中途退出，进行股权转让，那么只能将已经成熟的股权进行自由转让，而对于未成熟的股权，只能以较低的价格转让给创始人。这种成熟机制的设置，有利于稳定创始团队的内部关系，避免合伙人的中途退出。

目前，合伙企业内部的"成熟条款"，大都遵循三种机制，分别是按年份成熟的机制、按项目进度成熟的机制和按融资进度或额度成熟的机制。

11.3.1　按年份成熟

按年份成熟的机制是指合伙企业根据发展的实际需求，按照时间因素来确定股权成熟比例的一种机制。

例如，甲、乙、丙三人合伙创业，股权占比分别为48%、36%和16%。在公司创立时，为了避免合伙人中途退出，甲提议签订一份为期四年的成熟条款，乙很痛快地答应了，但是丙却稍显犹豫，最终三人还是成功地签订了这份协议。

在第一年里，甲、乙、丙三人都非常努力，用心经营，也使公司渡过了创业初期的种种难关，发展逐渐有了起色。

可是到了第二年，由于市场变化，他们公司产品的销售渠道受阻，销售业绩开始下滑，公司利润也因此下降了许多。

丙见到这样的情形，就打起了退堂鼓，打算中途退出，撤回自己的投资，改投其他的项目。

可是他的如意算盘很快就落空了，根据他们之前签订的四年成熟条款，合伙人必须在公司工作满四年才能自由交易股权，而丙一共只工作了两年，那么在离开公司的时候，他只能够拿走8%的股份，而非他之前投入的16%的股份。

最终，丙只拿走了8%的股份，而其剩下的8%的股份则由甲、乙自行处置，要么由甲、乙自己瓜分，要么以不同的价格售卖给其他优秀合伙人，无论哪一种方式，都能够保证公司股权的稳定，让公司顺利度过这一转折期。

11.3.2 按项目进度成熟

在初创阶段，合伙企业的实际控制人最关心的就是项目的进度，因此，合伙企业可以按照项目的进度对成熟条件进行详细的规定。

不同类型的合伙企业要采取不同的项目进度成熟机制。如果创业团队急需一名技术合伙人，那么，就可以按照项目进度成熟机制，对其技术入股的股权进行限制。

例如，一名技术合伙人的技术入股占比为10%，当他完成产品的图文设计工作时，其股权就能成熟1%；当他成功研发出新产品时，其股权就能成熟5%；当他研制出的产品成功上市后，其股权就能成熟8%；当他研发的产品在质保期内无发生召回或产生任何质量缺陷问题时，其就能成熟全部10%的股权。

如果合伙企业急需一名运营推广的管理人员，那么按照项目进度成熟机制对其进行股权限制，也不失为一种很好的方法。

由于运营推广人员的工作项目很多，因此对其采用项目进度成熟机制，也会取得很好的效果。例如，运营人员需要做问卷调查，做产品的市场推广以及客户服务，做种子用户的获取工作等。当他完成了其中的某一项工作时，创业团队就可以相应地按比例来成熟他的股份。这种措施会极大地提高运营推广合伙人的工作热情，从而为企业带来更多的收益。

11.3.3　按融资进度或额度成熟

创业团队如果对企业的融资有较高目标，也可以根据融资的进度或额度，为相关合伙人设置股权成熟机制，其具体的做法如下。

一方面，合伙企业可以按照融资的进度，为合伙人设置股权成熟机制。在这里，融资的轮数就相当于融资的进度。例如，如果合伙企业计划完成3轮融资，当公司完成A轮融资时，相关合伙人便可成熟其股权的30%；当公司完成B轮融资时，相关合伙人可再成熟其股权的40%；当公司完成C轮融资时，相关合伙人就可成熟其剩余的30%股权。

另一方面，当合伙企业的融资轮数不确定时，创业团队也可以根据融资的额度，为合伙人设置相应的股权成熟机制。例如，当公司的融资额度为1 000万元时，相关合伙人可成熟其股权的20%；当公司的融资额度达到1 500万元时，相关合伙人可成熟其股权的20%；当公司的融资额度达到5 000万元时，相关合伙人可成熟其股权的25%；当融资额度达到 1 亿元时，相关合伙人便可成熟其剩余的 35% 股权。

无论采取哪一种股权成熟机制，创业团队都要根据公司发展的实际情况，做出最合适的抉择。大家要懂得适合自己的才是最好的，如果盲目地效仿照搬其他企业的股权成熟机制，而忽略了自身的特点，则可能会给企业和合伙人都带来伤害。

附　录

合伙经营协议范本

合伙经营协议范本

合作方（以三人合伙为例）

甲方：_____
性别：_____
身份证号：_____
住址：_____

乙方：_____
性别：_____
身份证号：_____
住址：_____

丙方：_____
性别：_____
身份证号：_____
住址：_____

以上三方按照平等自愿、充分协商的原则，进行合伙经营，为了使合伙企业有更长远的发展，现在达成如下合伙协议。

第1条：合伙经营项目

参与合伙的各方共同经营位于＿＿＿＿＿的公司，公司经营范围为＿＿＿＿。公司挂靠甲方的名义。甲方需要提供相关的手续及证件。

第2条：合伙期限

合伙期限以本协议签订的时候正式生效，截止日期为合伙人均同意的时间。

第3条：各个合伙人的出资比例

甲方：出资额为＿＿＿＿＿元整，股份占比为＿＿＿＿＿%

乙方：出资额为＿＿＿＿＿元整，股份占比为＿＿＿＿＿%

丙方：出资额为＿＿＿＿＿元整，股份占比为＿＿＿＿＿%

甲、乙、丙三方的出资总额共计＿＿＿＿＿元整。合伙期间甲、乙、丙三方的出资为共有财产，不得任意请求分割。出资款用于＿＿＿＿＿＿＿＿，如需续交，三方必须按相应的股份占比进行续资。

第4条：合伙企业的盈亏分担

盈余分配：扣除经营成本、工资、奖金、日常用度以及税费等开支外的收入为净利润，也就是合伙创收盈余。合伙创收盈余为合伙分配的重点。在进行分配时，要根据合伙人的出资占比，按比例进行盈余分配。

债务承担：在合伙经营过程中产生的债务，先用合伙财产进行偿还。如果合伙财产不足，则按照各合伙人的出资比例，按比例进行债务承担。

第5条：入资、退资以及出资的转让。

关于入资：

（1）新合伙人入资时必须经全体合伙人协商同意；

（2）新合伙人入资必须签署本合伙协议；

（3）新合伙人与原合伙人权利同等，承担同等的责任。

新合伙人对之前合伙企业的债务承担连带责任。

关于退资：退资分为3部分，分别是自愿退资、当然退资和除名退资。

满足自愿退资的3个条件：

（1）协议约定的退资事由出现；

（2）全体合伙人书面同意后的退资；

（3）若合伙人难以继续参加合伙项目，可以退资；

满足当然退资的3种情形：

（1）合伙人死亡或者被依法宣告死亡；

（2）合伙人被依法宣告为无民事行为能力人；

（3）合伙人丧失偿债能力。

满足除名退资的情形与条件：

（1）合伙人未按照协定履行出资义务；

（2）合伙人因重大过失给合伙项目造成巨额经济损失；

（3）合伙人在执行合伙事务时有不正当行为；

（4）对合伙人的除名，应当下发书面通知；

（5）被除名人自接到通知起，除名正式生效；

（6）合伙人退资后，该退资人的款项要按退资时的财产状况进行结算。

关于出资的转让：合伙人能够转让其在合伙企业中的全部或部分财产。在同等条件下，其他合伙人具备优先受让权。

第6条：合伙人的权利和义务

合伙人的权利：

（1）具体的经营活动的决定权、监督权；

（2）合伙利益的分配权；

（3）合伙经营积累的财产归合伙人共有；

（4）退资的权利。

合伙人的义务：

（1）维护合伙财产的统一；

（2）分担合伙的经营损失的债务；

（3）承担合伙债务的连带责任。

第7条：合伙的终止和清算

合伙企业的终止条件：

（1）经全体合伙人协商后，一致同意终止合伙关系；

（2）合伙期限届满；

（3）法定合伙人数不足；

（4）不能完成合伙事务；

（5）合伙企业被依法撤销；

（6）经营期间出现违法行为或其他原因导致的散伙。

合伙企业的清算：

（1）在合伙解散后，必须进行清算，并要及时通知各个债权人；

（2）自合伙企业解散后___日内，经过全体合伙人一致认可的合伙人为合伙清算人。在指定期限内未确定清算人的，可以向人民法院提出申请，指定清算人。

（3）合伙财产清算的清偿顺序：拖欠的职工工资和劳动保险费用；拖欠的税款；拖欠的债务；返还合伙人的出资。

（4）清算时若合伙有亏损，合伙财产不足，则由各个合伙人按照出资占比进行清偿。各合伙人应承担无限连带清偿责任。由于合伙人承担连带责任，如果所清偿数额超过其应当承担的数额，有权向其他合伙人追偿。

第8条：合伙人的违约责任

（1）合伙人未按期缴纳资金的，应当对其他合伙人进行赔偿；如果逾期___日后仍未缴足出资，则对其进行退伙处理；

（2）合伙人未经其他合伙人同意转让股权，而且其他合伙人不愿接纳新的合伙人，可按退资的方式进行处理。同时，转让的合伙人必须赔偿其他合伙人因此而造成的各项损失；

（3）合伙人私自挪用在合伙企业中的股权份额，由此给其他合伙人造成损害的，必须赔偿其他合伙人因此而造成的各项损失；

（4）合伙人因严重违反协议或违反《合伙企业法》，导致合伙企业解散的，必须赔偿其他合伙人因此而造成的各项损失；

（5）合伙人违反协议，而且不听其他合伙人的劝阻，可由其他合伙人集体决定除名。

第9条：合伙协议的争议解决方式

因本协议而引起的一切争议，合伙人之间需遵循共同协商的原则进行处理。如果协商不成，可以通过诉讼手段解决。

第10条：本合同的效力

（1）本合同自甲、乙、丙三方签字盖章后正式生效。

（2）本协议一式三份，甲、乙、丙三方各执一份，均具有同等法律效力。

（3）本合同的附件和补充合同均为本合同不可分割的组成部分，与本合同具有同等的法律效力。

甲方（盖章）_____
法定代表人（签字）_____
委托代理人（签字）_____
签订地点：_____
___年___月___日

乙方（盖章）_____
法定代表人（签字）_____
委托代理人（签字）_____
签订地点：_____
___年___月___日

丙方（盖章）_____
法定代表人（签字）_____
委托代理人（签字）_____

签订地点：_____
____年____月____日

合伙人出资确认书

合伙人出资确认书

甲、乙、丙三方共同投资组建____合伙企业。其中甲、乙两方以货币形式出资，丙则以实物的形式出资。各合伙人认缴或实缴出资如下：

甲认缴____万元，实缴____万元，余额____年____月____日缴清；

乙认缴____万元，实缴____万元，余额____年____月____日缴清；

丙经____（专业评估作价机构）的协商作价，以____（实物、知识产权、土地使用权或者其他财产）的方式，认缴____万元，实缴____万元，余额____年____月____日缴清。

全体合伙人（签字、盖章）

____年____月____日

补充说明：

（1）合伙人以实物、知识产权、土地使用权或者其他财产出资的，需要全体合伙人共同协商作价，还需要向企业登记机关提交共同签署的协商作价确认书；

（2）由法定评估机构评估作价的，必须向企业登记机关提交法定评估机构出具的评估作价证明。

新合伙人入伙协议范本

新合伙人入伙协议范本

依据《中华人民共和国合伙企业法》和共同签订的合伙协议，新合伙人和原全体合伙人应按照自愿平等、公平诚实的原则进行协商，制定以下协议：

1. 新合伙人履行出资义务，即成为 ____（合伙企业名称）的合伙人。
2. 新合伙人姓名 ____；身份证号码 ____；出资方式 ____；出资额 ____ 元。
3. 新合伙人对入伙前合伙企业的债务承担连带责任。
4. 本协议一式 ____ 份，合伙人各持一份，并递交给合伙企业登记机关一份。本协议经新合伙人和原合伙人共同签字后方能生效。
5. 本协议未能够表述的其他规则，按国家有关规定执行。

新合伙人（签章）：____　　　　原合伙人（签章）：____

____ 年 ____ 月 ____ 日　　　　____ 年 ____ 月 ____ 日

签订地点：____　　　　　　　　签订地点：____

合伙人股权分配合同范本

合伙人股权分配合同范本

甲、乙、丙三方共同投资设立＿＿＿＿＿＿（合伙企业名称），根据《中华人民共和国合同法》《公司法》等法律规定，在友好协商的基础上，共同达成如下股权分配合同协议。

1. 股东及其出资入股情况：

（1）公司由甲、乙、丙三方共同投资设立，总投资额为＿＿＿＿＿元，包括启动资金和注册资金两个项目，其中启动资金共＿＿＿＿＿元，注册资金共＿＿＿＿＿元。甲方出资＿＿＿＿＿元，股权占比＿＿＿＿＿%；乙方出资＿＿＿＿＿元，股权占比＿＿＿＿＿%；丙方出资＿＿＿＿＿元，股权占比＿＿＿＿＿%。

（2）启动资金主要用于公司前期的各项开支。例如，租赁装修开支、购买办公设备的开支等。启动资金如有剩余，可以作为公司开业后的流动资金，各个股东不能够随意撤回。

（3）在合伙企业账户开立前，该启动资金存放于甲、乙、丙三方共同指定的临时账户上。合伙企业正式开业后，将临时账户内的余款转入到企业的正式账户。

（4）任何一方若违反上述规定，均要承担相应的违约责任。

2. 公司管理及职能分工：

＿＿＿＿＿＿方为合伙企业的总经理，负责公司的日常运营与管理，具体工作权责如下：

（1）办理公司登记手续；

（2）根据公司运营需要招聘员工；

（3）审批公司的日常事项；

（4）公司日常经营管理需要的其他职责。

_____方担任合伙企业的监事，具体工作权责如下：

（1）对总经理的运营管理进行必要协助；

（2）负责检查公司的财务；

（3）监督总经理执行公司职务的行为；

（4）全权负责公司章程规定的其他职责。

3. 各方的酬劳、盈余分配与债务承担：

（1）甲方的薪酬为____元／月；乙方的薪酬为____元／月；丙方的薪酬为____元／月。三方的薪资均从公司账户中支付。

（2）盈余分配：甲、乙、丙三方扣除经营成本、工资、奖金、日常用度以及税费等开支外的收入为净利润，也就是合伙创收盈余。在进行分配时，甲、乙、丙要根据合伙人的出资占比，按比例进行盈余分配。

（3）债务承担：甲、乙、丙三方在合伙经营过程中产生的债务，先由公司共同财产偿还。如果共同财产不足，则按照各合伙人的出资比例进行债务承担。

4. 合伙企业重大事项处理：遇有重大事项，须经甲、乙、丙三方达成一致决议后方可执行。

如果三方意见不一致，必须按照求同存异的原则，在不损害公司利益的前提下，寻找到新的解决方法。

5. 违约责任：甲、乙、丙三方中任何一方违反协议约定，未能够足额缴纳出资金额，或者未能按时缴付出资，须在____日内补足。如果未能补足，由此给合伙企业带来的重大损失，该合伙人必须向守约方承担赔偿责任。另外，除出资违约外，任一方违反本协议约定，致使合伙企业利益遭受严重损失的，须向守约方承担赔偿责任，赔偿违约金____元。

6. 其他事宜：

（1）本协议自甲、乙、丙三方签字盖章之日起正式生效，未尽事宜由三方另行签订补充协议,补充协议具备同等的法律效力。

(2)因本协议发生争议,三方应尽量协商解决,若协商不成,可提交至当地人民法院,通过诉讼方式解决。

(3)本协议一式三份,甲、乙、丙三方各执一份,具有同等的法律效力。

合伙人股权转让协议范本

合伙人股权转让协议范本

1. 关于转股的约定:

公司成立起_____年内,股东不得转让股权。自第_____年起,经其他股东共同同意后,一方股东才能够进行股权转让,此时其他股东对拟转让股权享有优先受让权。

2. 股权转让协议:

本协议由出让方和受让方于____年____月____日,于____共同签署:

出让方:_____

受让方:_____

_____(合伙企业名称)注册资本____万元人民币。其中出让方____的注册资金为____万元人民币,在公司内的股权占比为____%。出让方欲将其下____%的股权转让给受让方_____。根据相关法律法规规定,经各个合伙人友好协商,达成以下条款:

(1)出让方____将所持有本公司____%的股权作价____万元人民币转让给受让方;

(2)附属于出让方股权的其他权利也要随股权的转让而转让;

（3）受让方必须在本协议签定之日起5日内，向出让方付清所有的转让价款；

（4）本合同一式____份，协议各方各执1份，合伙企业执1份，以备办理有关手续时使用；

（5）本协议必须在各方共同签字盖章后方能生效。

出让方：（签字、盖章）

受让方：（签字、盖章）

合伙人分工协议范本

合伙人分工协议范本

甲、乙、丙三方在平等自愿的原则下，经过友好协商，共同签订以下分工协议：

1. 甲、乙、丙三方在充分的市场调查以及共同协商的基础上决定开展此业务。

2. 合伙期限为____年，自____年____月____日起至____年__月___日止。

3. 甲、乙、丙三方共同议定：____（人事调度、考勤安排）等事务由甲方全权负责；____（公司财务、日常事务）等事项全权由乙方负责；____（运营管理、客户维护）等事项全权由丙方负责（各个合伙企业可以根据公司的具体安排进行具体划分）。

4.企业的核心事务由核心负责人全权负责,其他人参与辅助工作,以保证决策顺利科学地执行。

5.在利润分配时,甲、乙、丙三方要以资产评估为依据,按出资比例进行货币分配。

6.合伙企业设立的专用银行账户,其中的资金不得挪作他用。

7.未经其他合伙人一致同意,禁止某一个合伙人私自进行业务活动。如果业务活动造成损失,该合伙人必须按实际损失进行赔偿。

8.合伙人之间如发生纠纷,应共同协商,要本着合伙事业共同发展的原则予以处理解决。

9.本协议如有未尽事宜,应由甲、乙、丙三方进行讨论补充或修改。修改补充的内容与本合同有着同等的效力。

10.本协议自订立之日生效,本协议一式3份,甲、乙、丙三方各执1份。

甲方签字:＿＿＿＿＿＿＿＿＿＿＿

乙方签字:＿＿＿＿＿＿＿＿＿＿＿

丙方签字:＿＿＿＿＿＿＿＿＿＿＿

合伙企业章程范本

合伙企业章程范本

第1条:本合伙企业的宗旨:＿＿＿＿＿＿＿＿。(在宗旨中必须表明合伙企业要遵守宪法法律以及国家政策,遵守社会道德风尚等基本内容。)

第2条:本合伙企业的登记管理机关是＿＿＿＿＿＿,本合伙企业的业务主管单位是＿＿＿＿＿＿。(必须明确表明与业务主管单位确认的业务范围一致。)

第3条：本章程中所涉及的各项条款都与法律、法规、规章相符合。

第4条：合伙企业的决策机构是合伙人会议，合伙人会议是由全体合伙人共同组成的。合伙人会议的权利大且广泛。例如，合伙人会议具备制定和修改章程的权利；具备年度财务预算和提出决算方案的权利；具备增加开办资金方案的权利；有权决定本企业的分立、合并或终止；有权聘任或解聘企业内部重要管理人员；有权制定企业内部的管理制度；有权变更合伙企业名称；有权决定新人的入伙或原合伙人的退伙。

第5条：合伙人会议表决通过后，能够委托1名合伙人成为公司对外的总负责人，管理企业的日常运营工作。

第6条：只有2/3以上的合伙人出席，合伙人会议才能够正常召开。合伙人会议内部实行1人1票制。另外，合伙人会议做出的相关决议，必须经过2/3以上人员的一致表决方能通过。

第7条：合伙人享有的权利：参加合伙人会议，行使表决权的权利；参与合伙企业内部负责人推选和被推选的权利；具备提醒修改章程和规章制度的权利；有权监督本单位的财务和会议执行情况；有权合法退伙；有权查阅会议记录和具体的财务会计报告；有权了解企业的各项经营状况。

第8条：有权必有责，合伙人要履行的责任与义务：合伙人必须要坚决执行合伙人会议提出的正确决议；合伙人必须要毫不动摇地遵守企业的各项规章制度；对本单位的债务承担连带责任。

第9条：新合伙人入伙时，必须经过全体合伙人的一致同意。同时，新合伙人必须要同意并签署本单位章程的意见。

第10条：新合伙人与原合伙人的权利和义务同等。

第11条：原合伙人在不影响合伙企业事务的情况下，可以申请退伙，但原合伙人必须提前30天通知其他合伙人。退伙人对退伙前已发生的债务，应与其他合伙人承担连带责任。

第 12 条：合伙企业的经费来源：合伙人的出资；业务范围内开展服务活动的收入；利息；捐赠以及其他合法收入。

第 13 条：合伙企业的经费必须用于合伙事业的发展。

第 14 条：合伙企业坚决执行《民间非营利组织会计制度》，依法进行企业内部的会计核算。逐步健全内部的会计审核制度，保证财务资料的合法真实与准确完整。

第 15 条：合伙企业聘用具备资深资格的专业会计人员。同时，会计不得兼出纳。会计人员在调动工作特别是在离职时，必须与交接人员办清所有的手续，以保证工作的顺利开展。最重要的是，在更换合伙负责人之前必须要深入地进行财务审计。

第 16 条：合伙企业应遵守《民办非企业单位登记管理暂行条例》的相关规定，自觉接受登记管理组织的各项检查。

第 17 条：合伙企业内部的劳动用工与社保制度均严格按照国家法律法规的有关规定坚决执行。

第 18 条：修改本章程需要遵循规范的流程。首先要经过全体合伙人决议的共同决定；其次，在通过共同决定的 15 日内，必须报业务主管单位，经过他们的细致审查；最后，当业务主管单位审查同意后，合伙企业必须在 30 日内，向登记管理机关递交核准材料。

第 19 条：合伙企业的终止条件：脱离宗旨甚至违背创立宗旨，继续开展各项业务活动；合伙企业发生分立合并事件；合伙企业自行解散；合伙企业不具备法定合伙人数。

第 20 条：合伙人会议表决通过后的 15 日内，合伙企业宣布终止，同时必须报业务主管单位审查同意。

第 21 条：合伙企业在办理注销登记前，必须在登记管理机关以及相关机关的指导下成立内部清算组织。内部清算组织的主要职责是清理债权债务、处理剩余财产、完成各项清算工作。

第 22 条：合伙企业自向登记管理机关发出注销登记证明文件时起，

就代表终止。

第 23 条：本章程于＿＿＿＿年＿＿＿＿月＿＿＿＿日由全体合伙人决议通过。

第 24 条：本章程自登记管理机关核准之日起正式生效。

合伙企业财务制度范本

合伙企业财务制度范本

为促使合伙经营的企业能够顺利地发展，并促使企业的财务能够正常地运转，各个合伙人秉着平等协商互惠互利的原则，钦定了关于《合伙企业财务制度》的协议。协议的具体内容如下。

第 1 条：会计人员必须认真执行国家财务管理方面的法律法规，确保会计工作的合法合规。

第 2 条：合伙企业要采取切实有效的措施来保证财产的安全，维护公司的合法权益。会计人员要严格按照财务工作程序，编制和执行财务预算，制订财务收支计划，保证现金流的稳定，从而确保企业资金的安全。

第 3 条：合伙企业要适时展开内部培训，加强对财务人员的管理，提高他们的综合素质。

第 4 条：会计要实时进行各项成本费用的预测核算与管理控制，最终降低企业的消耗，提高企业的经济效益。

第 5 条：会计人员要建立健全的财务账目，积极编制财务报表。同时，要利用详细的财务资料来指导企业的各项经济活动，为合伙人的经营管理决策提供科学依据。

第 6 条：会计人员要及时核算和上缴各种税金，保证公司依法纳税，合法经营。

第7条：会计人员要注重档案资料的收集与整理，要确保资料的安全、完整与有效。

第8条：会计人员要负责保管财务专用章，保证该印章的安全以及正确使用。

第9条：出纳人员主要负责办理各项现金收支、银行业务的结算以及管理货币资金，不能够坐支现金，也不能够用白条抵库。

第10条：出纳人员要按顺序及时地登记各项账簿。出纳人员要保证账目数字的清楚、内容的准确，同时要及时核对库存现金，要按照日清月结的方式严格要求自己。

第11条：出纳人员必须在每月月初的前5个工作日内与会计人员完成各项对账工作。对账完毕后，双方要签字存档。

第12条：出纳人员要保管好库存现金以及各种有价证券。必须要确保这类财产的安全无缺，如若短缺则必须要承担赔偿责任。

第13条：出纳人员主要负责保管公章与法人章，保证该印章的安全以及正确使用。

第14条：出纳人员要严格管理各种空白收据、发票及各类有价票证，及时办理各类领用手续，严格按照企业规定签发支票。同时禁止签发各类空头支票。

第15条：当企业的日常备用金库余额不足__元时，出纳人员要与会计人员进行商议，达成一致意见后，方能对备用金额度进行调整。同时，必须告知企业财务负责人或经过企业合伙人授予后，调整方案才能正式生效。

第16条：财务人员要按照勤俭节约的原则对公共费用进行管理。

第17条：公司内部的各项费用报销要有凭证。发票虚假不予报销；发票主要项目填写不齐全不予报销；填写发票信息的字迹不清楚、金额存在涂改或者不区分大小写均不予报销；没有加盖出票单位的财务专用章不予报销；超过使用期的发票也不予报销。

第18条：企业内部的费用报销流程：首先，填写费用报销单时要将原始票据整齐粘贴在"票据粘贴单"上；其次，合伙人要对费用报销单进行初审；再次，审核票据的规范性与时效性，检查报销费用是否超支；最后，财务负责人审核通过后，签署费用支出意见。

第19条：大额资金的支付情况说明。如果一次性支付的金额≥_____元时，必须要须提前____个工作日告知财务人员。

第20条：借款的原则和范围。借款时要遵循"前不清后不借"的原则；借款的范围较为多元，涉及差旅费、采购费及其他费用时必须预约借款。

第21条：借款的流程。首先，要填写借款单，其次，要经过责任合伙人的初审；再次，专业会计人员要对借款的资金范围进行审核，财务负责人审批签字；最后，出纳人员留存借款单，作为借款人还账时的清账依据。另外，借款单的复写联要交与会计，进行入账。

合伙人股权代持协议

合伙人股权代持协议

甲方：_____（合伙企业名称），法定代表人：_____，注册地址：_____。乙方：_____（合伙企业名称），法定代表人：_____，注册地址：_____。

甲、乙双方按照平等互利的原则，经过友好协商，甲方委托乙方代持甲方的股权。股权代持协议的内容如下。

第1条：委托内容

甲方自愿委托乙方作为公司股份的名义持有人。乙方也自愿接受甲方的委托，并代之行使相关的股东权利。

第2条：委托权限

甲方委托乙方代行的权利如下：代替甲方收取股息或红利、代替甲方出席股东会议并行使表决权、代替甲方行使公司法规定的其他股东应享有的权利等。

第3条：甲方的权利与义务

（1）甲方是实际出资者，享有合伙企业实际的股东权利，并且有权获得投资收益；乙方只是名义股东，不享有合伙企业实际的股东权利。

（2）在委托期限内，甲方有权将相关股东权益转移到自己或指定的第三人名下。届时自然会涉及许多法律文件，乙方必须无条件同意与承受。在乙方代持期间，因代持产生的各种费用均由甲方承担；乙方按照甲方指示将相关股东权益转移到指定的第三人名下时，所产生的变更费用也全部由甲方承担。在以上费用发生五日内，甲方必须把相关费用划入乙方的银行账户中。否则，乙方有权从甲方的投资或股权转让等收益中扣除。

（3）甲方作为委托人，必须要履行及时出资的义务，并以其出资限度承担一切投资风险。如果因甲方未能及时出资而引发的一切实际损失，则均应由甲方承担。

（4）甲方作为实际出资者，有权对乙方不适当的受托行为进行监督与纠正，并有权要求乙方赔偿因管理不善而造成的实际损失。但是甲方不能随意干预乙方正常合理的营运活动。

（5）甲方认为乙方不能如实履行义务时，有权解除对乙方的委托并选定新的受托人，但是甲方必须提前30日以书面的形式通知乙方。

第4条：乙方的权利与义务

（1）乙方作为受托人有权以名义股东的身份参与公司的经营管理，并且进行实时监督，但不能够以名义股东的身份为自己谋取私利。

（2）未经甲方同意，乙方不得将代持股份及其股东权益转让给第三人。

（3）乙方以名义股东身份行使表决权时，必须要提前3日通知甲方。只有获得甲方的书面授权，乙方才能够行使相关权利。在未获得甲方书面授权的情况下,乙方不得转让、处分或设置任何股份,更不能做出任何有损甲方利益的行为。

(4)在代行表决权时,如果乙方与甲方的意见不一致,且无法做到兼顾时,乙方必须要提前将自己的表决意见告知甲方。在此情形下,甲方如果同意乙方的意见,那么乙方才能够进行表决。

(5)乙方承诺在3日内将股份所产生的全部收益转交给甲方,并划入甲方指定的银行账户。如果乙方不能及时交付相关款项,则必须向甲方支付与同期银行逾期贷款利息相等的违约金。

第5条:委托持股费用

甲方每年应向乙方支付_____元作为代为持股的费用,该费用必须在每年的_____月_____日前打入乙方指定的银行账户。

第6条:股权代持保密条款

甲、乙双方在履行本协议的过程中对所接触的任何商业信息均要进行保密。这项保密义务在本协议终止后仍然有效。任何一方如若违反该义务而给对方造成利益损失,则必须赔偿对方相应的经济损失。

第7条:争议的解决

在履行股权代持协议时,双方难免会有争议。此时,甲、乙双方应秉着友好协商的原则进行审议解决。如果协商手段仍然不能解决,任何一方均有权向仲裁委员会提起诉讼,申请仲裁。仲裁裁决对甲乙双方均具有最终的法律效力。

第8条:其他事项

本协议一式两份,甲、乙双方各持一份,具有同等法律效力;本协议自甲、乙双方授权代表签字盖章后正式生效。

甲方:_____(签字盖章)　　　　乙方:_____(签字盖章)

_____年_____月_____日　　　　_____年_____月_____日

合伙资产分割协议书范本

合伙资产分割协议书范本

甲方_____，身份证号_____。乙方_____，身份证号_____。甲、乙双方合伙经营_____（合伙公司名称），工商登记号为_____。但是在合伙过程中，双方矛盾逐渐加深，公司的经营日益艰难。鉴于双方合作的基础逐渐丧失，经友好协商，依据《中华人民共和国合伙企业法》《中华人民共和国民法通则》以及《合伙协议》的相关规定，对合伙经营企业的财产分割达成以下协议：

第1条：甲、乙双方共同经营的财产范围

合伙企业的盈利所得以及建立扩张企业时的各项实物资本投入等。

第2条：甲、乙双方共同经营财产的分割方案

甲、乙双方本着公平合理以及诚实守信的原则对企业财产做出分割。按照出资比例对企业的最终盈利进行分割。按照专业评定机构的估价对企业的各项实物资本进行评估。如果某项财产不便于分割，则应先指定到某一方名下，然后该方再给予另一方半价的补偿。例如，公司有一部公用的汽车，市场估价为20万元。在财产分割时，甲方想要获得这部车，那么他就要给予乙方10万元的补偿。

第3条：分割财产的交付和转移

自本协议签订之日起变更登记手续；变更完成后甲、乙双方按照条件进行财产的支付和转移。如果违反分割协议，给一方造成的经济损失则必须由另一方完全负责。

第4条：分割财产时的争议解决方式

双方因本协议发生争议，应通过协商的手段进行解决。若协商未达

到预期效果，任何一方均有权向仲裁委员会提起诉讼，申请仲裁。仲裁裁决对甲、乙双方均具有最终的法律效力。

第5条：合伙财产分割的其他内容

本协议一式两份，甲、乙双方各持一份，具有同等法律效力；本协议自甲、乙双方授权代表签字盖章后正式生效。

甲方：_____（签字盖章）　　　　乙方：_____（签字盖章）

____年____月____日　　　　　　　____年____月____日

合伙人股权激励方案协议范本

合伙人股权激励方案协议范本

甲方_____（合伙企业）的全体股东，公司地址_____，法定代表人_____，联系电话_____。乙方_____，身份证号_____，地址_____，联系电话_____。

乙方是甲方合伙团队内的优秀员工。鉴于乙方对甲方所做出的积极贡献，也为了继续激励乙方，提高企业的经济效益，甲、乙双方经过友好协商，共同设置了对乙方有利、对公司有利的股权激励方案。为明确甲、乙双方的权利和义务，特制定以下协议。

第1条：鉴于乙方的工作表现良好，对公司发展做出了特别的贡献，公司全体股东协商后一致同意授予乙方____%或____万元的虚拟股权。其中每股为人民币一元整。如果获得公司的虚拟股权，在年终的时候能够得到更多的盈利分红。乙方能够获得的分红为企业可分配的净利润总额与乙方的虚拟股比例的乘积。

第2条：乙方获得的____%的虚拟股权不记载在甲方的股东名册内，也不做任何的工商变更登记。乙方不能够以虚拟股权作为拥有甲方资产的依据。

第3条：协议的履行。甲方在每年的____月进行年度会计结算时，要将年度税后净利润总额的结果及时告知乙方。乙方可由此获得相应的分红。甲方应在乙方可得分红后的7个工作日内，将50%的分红支付给乙方。

第4条：合同期满时的协议履行方案。如果甲、乙双方均同意不再继续签订劳动合同，而且乙方还存在未提取的分红，那么甲方必须在合同期满后的三年内，按每年____%的额度支付给乙方。

第5条：本协议与双方签订的劳动合同相互独立。乙方在获得甲方授予的虚拟股后，仍然能够享受到双方签订劳动合同时甲方给予的其他优惠待遇。

第6条：甲方的权利与义务。一方面，甲方必须如实计算年度税后净利润，并如实告知乙方，不能存在任何的欺瞒；另一方面，甲方必须及时、足额支付乙方理应得到的分红。

第7条：乙方的权利与义务。乙方必须忠实勤勉，不得做任何有损公司利益和形象的事情。乙方必须对本协议承担保密义务，不得向第三方透露协议中的任何内容。特别是不能够透露虚拟股数以及具体的分红情况。

第8条：甲、乙双方协商一致后，必须通过书面的形式变更协议内容或者解除本协议。如果乙方的工作态度与工作绩效都很好，甲方可将授予乙方的____%的虚拟股权转化为实际股权。在执行此操作时，双方必须要经过科学协商，同时要另行签订股权转让协议；如果乙方违反本协议的内容，没有履行自己应尽的义务，由此给甲方造成严重的经济损失，甲方有权解除本协议；如果甲方公司倒闭或者乙方死亡，本协议也自行终止；如果合同到期，本协议也自行终止。

第9条：保密义务与违约责任。乙方如果未征得甲方的许可，不能够向第三方透露任何协议中的内容。如果违反此条约，甲方有权解除本协议；甲方如果违反协议约定，迟延或者拒绝向乙方支付其应得的分红，必须按可得分红的____％向乙方赔偿违约金；乙方如果违反协议约定，甲方有权根据情况选择不予支付相应的分红，而且有权解除本协议。

第10条：争议的解决。在履行此协议时，双方难免会有争议。此时，甲、乙双方应秉着友好协商的原则进行审议解决。如果协商手段仍然不能解决，任何一方均有权向仲裁委员会提起诉讼，申请仲裁。仲裁裁决对甲、乙双方均具有最终的法律效力。

第11条：本协议的生效。协议生效的前提是甲方全体股东一致同意。另外，《股东会决议》是协议生效必备的重要附件。本协议一式两份，甲、乙双方各持一份，在双方签字盖章后正式生效。

甲方：_____（签字盖章）　　　　乙方：_____（签字盖章）

____年____月____日　　　　　　____年____月____日

合伙人利益分配协议范本

合伙人利益分配协议范本

甲方_____（合伙人姓名）与乙方_____（合伙人姓名）遵循互惠互利的原则，根据《中华人民共和国合同法》及其他相关法律、法规，就_____（合伙公司名称）的利润分配达成以下协议。

第1条：甲、乙双方的权利和义务：

（1）甲、乙双方必须严格执行共同签订的公司内部资料的保密协议，不得向任何第三方泄露公司的机密。双方要秉着谁泄露谁负责的原则进行办事。

（2）甲、乙双方都有义务保管好公司的共同财产，做到不损害，不私自挪用。如果一方损坏或者私自挪用，则必须按照原价进行赔偿。

（3）在合作期内，甲、乙双方不得无故撤走共用的设备。例如，甲方在创业之初贡献了厂房以及一些智能设备，可是在合作中途，双方因为利益问题而闹僵。于是甲方不顾公司的业务发展，强行将智能设备撤走，这种行为是不被允许的。如果出现这样的情况，乙方有权扣留所有智能设备。

（4）在合作期内，甲、乙双方不得无故终止合作。如果终止合作，必须要按照退伙协议的规定进行明确的处理。

第2条：利益的分配方式：

（1）按出资比例进行利益分配。甲方在合伙创业时的股权占比为____%，乙方在合伙创业时的股权占比为____%。根据他们的股权占比进行合伙后净利润的分配。

（2）按工作绩效进行利益分配。甲方_____主要负责_____（选择人力资源管理、公司财会管理、运营管理、售后服务、广告文案设计等工作中的一种）工作，根据市场行情，设定其绩效标准。到了年终分红的时候，按照其工作绩效进行利益分配。同理，乙方也如此。

（3）按特殊贡献进行利益分配。甲方_____主要负责_____工作，因业绩良好、道德水平高尚，为公司带来了很高的名誉。由此特地按照这一特殊贡献，提高他的利益分成。

第3条：其他事项：

（1）签订本协议后，之前甲、乙双方签订的其他非正式协议均被作废。

（2）本协议中未能包含的权益分配方案，如若可行，甲、乙双方可按照协商的方式进行补充和修改。补充和修改后的条文与本协议具备同等的法律效力。

（3）本协议一式两份，甲、乙双方签字盖章后正式生效。

甲方：_____（签字盖章）　　　乙方：_____（签字盖章）

___年___月___日　　　　　　　___年___月___日

合伙人退出协议书范本

合伙人退出协议书范本

甲、乙双方合伙创立_____（合伙企业名称），由于_____（某项事由），合伙人____（甲或乙）要选择中途退出。双方在《中华人民共和国》相关法律的基础上，遵循互惠互利的原则，达成了共同协议。协议规定合伙人____（甲或乙）退出股份后，由____（甲或乙）接受独立经营。具体的协议内容如下。

第1条：合伙人基本信息。甲方_____，身份证号码_____。乙方_____，身份证号码_____。

第2条：甲、乙双方的出资额、出资方式以及出资期限。甲方_____以___方式出资，出资金额共计___元，出资期限为___年；乙方_____以___方式出资，出资金额共计___元，出资期限为___年。

第3条：合伙人退伙时的交接盘点以及各项承诺的履行状况。

（1）仓库盘点，库存余额_____元；公司的盈亏盘点，净利润_____元。

（2）___（甲或乙）退出股份，按照合伙时共同签订的合伙人协议，___（甲或乙）应付退出方___（甲或乙）_____元的金额。

（3）退股方要求应以现金的形式得到未退股方_____元的金额。支付期限一共是___天，如果延迟支付或者为支付，则应给予退股方_____元的违约补偿。

（4）___（甲或乙）退出股份后的事项。在合伙企业中推举出清算人，并邀请_____作为中间人进行公企业财产的清算；财产清算后如果有盈余，则应按拖欠的职工工资、劳动保险费用、拖欠的税款、拖欠的债务以及返还合伙人出资的顺序进行返还；企业的固定资产以及不能再继续分割的财产可以作价卖给第三人，根据这一价款进行分配；清算后若发现公司经营亏损，不论出资多少，首先要以合伙人的共同财产进行偿还，如果未能全部清偿，则各个合伙人应按出资比例进行债务的偿还。

第4条：其他事项。本协议自相关人士签字盖章后正式生效，该协议一式三份，甲、乙双方及中间人各执一份。直到___（甲或乙）拿到偿还的现金为止。当退股方拿到偿还的现金后，要把此协议书返还给___（甲或乙）。

甲方：_____（签字盖章）　　　　乙方：_____（签字盖章）

___年___月___日　　　　　　　___年___月___日

中间人：_____（签字盖章）

___年___月___日

参考文献

[1] 聂婧，鞠荣华.股权众筹是全民盛宴吗？[J].金融，2016，6（1）：1-11.

[2] 斯蒂芬·斯特恩，张征.以人为本的管理学大师——纪念管理学大师彼得·德鲁克[J].北方经济，2005（15）：37-38.

[3] [美] Steven Gary Blank，七印部落.四步创业法[M].武汉：华中科技大学出版社，2012-8-1.

[4] 林修果.论中国现代化进程中的契约精神[J].福建论坛（人文社会科学版），2006（1）.

[5] 佚名.寻找合伙人[J].新商务周刊，2013（12）：1-1.

[6] 丰丕才.我国合伙企业在财务管理中存在的问题对策研究[J].商业文化（下半月），2011（1）：109.

[7] 张小明.合伙创业：1+1>2[J].成才与就业，2004（16）.

[8] 苏冬蔚，林大庞.股权激励、盈余管理与公司治理[J].经济研究，2010（11）：88-100.

[9] 张国林.合伙企业财务会计问题初探[J].商业会计，2001（4）：39-40.

[10] 周亮.我国合伙企业激励机制研究[D].广西大学，2013.

[11] 郑志喜.新三板推出"精选层"的问题研究[J].经济管理：全文版：00220-00221.

[12] 佚名.IPO上市[J].投资与合作，2006（1）：13-13.